李晓桐◎编著

帮您找到自己与人沟通的最佳方式

有话好好说
高效沟通的9种技巧

本书总结了受他人欢迎的9种沟通方式，
这些方式都经过了实践的检验，
希望它能帮您找到自己与人沟通的最佳方式，
更好地与人沟通，减少彼此的矛盾，让自己的人生变得更高效。

吉林出版集团股份有限公司

图书在版编目（CIP）数据

有话好好说：高效沟通的9种技巧 / 李晓桐编著. —长春：吉林出版集团股份有限公司, 2018.6
ISBN 978-7-5581-5060-9

Ⅰ.①有… Ⅱ.①李… Ⅲ.①心理交往－通俗读物
Ⅳ.①C912.11-49

中国版本图书馆CIP数据核字(2018)第100460号

有话好好说——高效沟通的9种技巧

编　　著	李晓桐
总 策 划	马泳水
责任编辑	王　平　史俊南
封面设计	中易汇海
开　　本	880mm×1230mm　1/32
印　　张	8
版　　次	2019年3月第1版
印　　次	2019年3月第1次印刷

出　　版	吉林出版集团股份有限公司
电　　话	（总编办）010-63109269
	（发行部）010-67482953
印　　刷	三河市元兴印务有限公司

ISBN 978-7-5581-5060-9　　　　　定　价：38.00元

前 言

科学研究表明，一个人每天大约有70%的时间都用在各种各样的沟通上，比如说，问好、闲聊、开会、咨询、了解客户需求、培训、打电话、发短信或邮件、邀约、走亲访友等，沟通可谓无处不在、无时不在。由此可见，人与人之间的沟通是多么的重要。从某种意义上说，沟通已经不再是一种技能，而是成为一种生存的方式。

卡特·罗吉斯说："如果我能够知道他表达了什么，如果我能知道他表达的动机是什么，如果我能知道他表达了以后的感受如何，那么我就敢信心十足地果敢断言，我已经充分了解了他，并能够有足够的力量影响并改变他。"

在沟通的过程中，如果沟通的方法与技巧运用不到位，就起不到应有的沟通效果，还可能适得其反。对于我们每一个人来说，在与他人的交际沟通中，掌握高明的沟通技巧是非常有必要的。

有一个人问神父："我可以在祈祷时抽烟吗？"他的请求遭到了神父的严厉斥责。又有一个人去问神父："我可以在吸烟时祈祷吗？"他的请求却得到了神父的允许，于是便悠闲地抽起了烟。这两个人发问的目的和内容完全相同，只是沟通的方式不同，得到的结果却截然相反（当然，我们不赞成吸烟）。由此可知，当我们与他人交流沟通时，有话好好说——高明的沟通技巧，才能赢得期望中的效果。

　　本书从沟通的方式与技巧、沟通与人脉、尊重别人、说服别人、批评与赞美、工作与生活中的沟通、身体语言的沟通、沟通中的误区与禁忌等方面入手，选取了在各种场合中常见的沟通问题，运用通俗易懂的故事和案例，有针对性地讲解了沟通中的实战技巧和方法。

　　沟通能力是维护人际关系的基础，但凡成功之人，大都深谙沟通之道。沟通能力不是天生的，需要后天的培养与锻炼。掌握高明的沟通技巧，可以使你成为一个睿智的人，可以使你在人群中像一颗晶莹的珍珠般焕发出夺目的光芒，如一枚圆润的碧玉般卓尔不群。沟通专家指出，沟通的最高境界与最高明的沟通技巧其实只有两个字：用心。翻开本书，你将领略到，沟通并没有我们想象得那么难，牢记书中的招法，你一定会成为沟通高手。

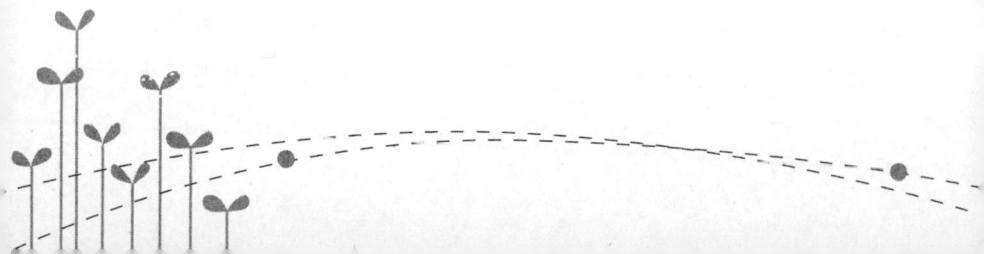

目录
CONTENT

第一章
沟通要讲究方式与技巧

选择适当的说话时机 / 002

说话一定要适应特定的场合 / 004

说话要简明扼要突出重点 / 006

避免冷场要学会没话找话 / 009

必要时可以插插话 / 011

引导对方先开口 / 014

平日注意与人保持联系 / 016

把想法或感受直接告诉对方 / 019

采用恰当的措辞与人沟通 / 021

善于倾听可提高沟通质量 / 022

说话要三思而后言 / 024

善于停顿能更好地表情达意 / 026

感化别人，有理也要让三分 / 028

沟通要学会做适当的让步 / 030

第二章
沟通好人脉广阔

主动结交朋友建立人脉 / 034

大胆地承认自己有所不知 / 035

宽容是一种有效的沟通方式 / 037

沟通要留有回旋的余地 / 039

学会妥协是聪明之举 / 040

懂得感恩会使人际关系更加融洽 / 042

闲聊是社交润滑剂 / 044

多交朋友扩大自己的交际圈 / 046

保持良好的网络沟通 / 049

沟通中应注意察言观色 / 051

对方说话应积极地作出反馈 / 053

迎合对方的兴趣，实现愉快沟通 / 056

接受说话者的观点，促进和谐交流 / 058

第三章

尊重对方是沟通的金钥匙

以对方为中心，能有效地促进沟通　　　　　　　　/ 062

让对方产生优越感　　　　　　　　　　　　　　　/ 064

遵循入乡随俗的规矩　　　　　　　　　　　　　　/ 065

拒绝要温和而坚定地说"不"　　　　　　　　　　/ 067

善于询问了解对方的真正想法　　　　　　　　　　/ 069

用欣赏的眼光去看待别人　　　　　　　　　　　　/ 071

求人做事要避免用命令的方式　　　　　　　　　　/ 073

寻求共同点，拉近彼此距离　　　　　　　　　　　/ 075

建立信任关系，铺平沟通道路　　　　　　　　　　/ 077

尊重他人，也是对自己的尊重　　　　　　　　　　/ 079

付出真诚也会收获真诚　　　　　　　　　　　　　/ 081

学会体谅他人　　　　　　　　　　　　　　　　　/ 083

第四章

晓之以理的沟通才能说服别人

巧用弦外之音，让对方心有所悟　　　　　　　　　/ 086

正话反说，让对方自己领悟　　　　　　　　　　　/ 088

善用幽默，平息争论 / 090

巧用下午茶时光，使沟通自由无限 / 093

虚心请教，少走一些弯路 / 095

使用易懂的语言，让对方容易接受 / 097

以理去疑，消除误会 / 099

利用同感，打开对方的心扉 / 101

多一点儿赞美，少一点儿批评 / 103

适度恭维，为沟通打开缺口 / 105

间接委婉地指出他人的错误 / 108

批评别人时，要对事不对人 / 109

第五章
沟通能使工作顺风顺水

承认"我错了"，可以获得别人的谅解 / 114

记住对方的名字很重要 / 115

勇于接受别人的建议与批评 / 118

善于授权，实现双赢 / 120

将功劳归于下属，是对下属最大的激励 / 124

不要居功自傲 / 126

少说话，多做事 / 128

在职场中要懂得尊重领导　　　　　　　　　　/ 130

上司发火时不要当面顶撞　　　　　　　　　　/ 131

毫无怨言地接受任务　　　　　　　　　　　　/ 133

不给自己找任何借口　　　　　　　　　　　　/ 135

成功需要巧妙地推销自己　　　　　　　　　　/ 137

讲究沟通中的情感效应　　　　　　　　　　　/ 140

第六章
沟通礼仪与电话沟通

掌握出入电梯的标准顺序　　　　　　　　　　/ 144

握手也是一种沟通　　　　　　　　　　　　　/ 145

使用称呼就高不就低　　　　　　　　　　　　/ 147

合适的衣着是一种无声的语言　　　　　　　　/ 150

递接名片要得体　　　　　　　　　　　　　　/ 152

电话沟通要保持良好的心情　　　　　　　　　/ 155

接打电话时要注意姿势与语调　　　　　　　　/ 156

接听电话要把握好的原则　　　　　　　　　　/ 158

挂电话也要有礼貌　　　　　　　　　　　　　/ 160

把握好打电话的时间　　　　　　　　　　　　/ 162

电话沟通的要点　　　　　　　　　　　　　　/ 164

第七章
良好的沟通可使生活顺心顺意

给爱情保鲜，生活永远都美丽 / 168

不要尝试改造你的伴侣 / 170

夫妻争执尽量给对方下"台阶" / 172

父母要做孩子的"顾问" / 174

用耐心培养孩子的耐心 / 175

对付饶舌客，巧下逐客令 / 177

负面的话语也应尽量由正面的字眼表达 / 179

扩大知识面，提高沟通能力 / 181

第八章
不用话语也能进行沟通

懂得使用得体的肢体语言 / 184

让肢体语言传达你内心的真诚 / 186

得体的微笑会赢得他人的好感 / 189

掌握适当的空间距离 / 190

运用眼神进行沟通 / 193

会说的不如会听的 / 194

沉默是一种高明的沟通 / 197

用触摸进行情感交流 / 199

第九章
让人喜欢与你的魅力沟通

与异性交谈大方而有分寸 / 202

展现魅力声音的沟通 / 204

说话干脆利落的沟通 / 207

真诚沟通大家都会喜欢你 / 210

调整好你自己的说话语气 / 212

不要总是用命令的口气 / 215

巧妙解尴尬，给人台阶下 / 218

做一个对方眼中靠得住的人 / 220

批评人也可以不得罪人 / 223

掌握沟通的主动权 / 226

附：
沟通要避开的误区与禁忌

不要轻易得罪人　　　　　　　　　　　　　　　/ 230

不要把沟通看成是一种竞赛　　　　　　　　　　/ 232

不要轻易打断他人说话　　　　　　　　　　　　/ 233

发生分歧时，要懂得求同存异　　　　　　　　　/ 235

忠言不要逆耳　　　　　　　　　　　　　　　　/ 236

不要在别人面前炫耀自己　　　　　　　　　　　/ 238

不要热情过度　　　　　　　　　　　　　　　　/ 240

开玩笑要讲究分寸　　　　　　　　　　　　　　/ 242

| 第一章 |

沟通要讲究方式与技巧

在工作和生活中，沟通无处不在。从某种意义上来说，沟通决定着一个人说话办事的成败。一个人要想在工作和生活中畅通无阻，不掌握一定的沟通方法与技巧是不行的。沟通无定法，因人而异，因时而异，因事而异，才能使沟通顺畅。

选择适当的说话时机

与人沟通时，要选择适当的时机。在适当的时机说话，能起到事半功倍的作用。

选择适当的说话时机，是达到沟通目的的重要手段之一。选择接受者时间充分、心情舒畅的时候进行沟通，比时间仓促、情绪低迷时效果要好得多。

例如，在家庭生活中，与孩子交流宜早不宜迟。但是具体问题要具体分析，如果不是很急或非马上谈不可的事，还是应该选择一个恰当的时机谈话。这样的情形不外乎两种情况：一种是事情需要调查，情况尚不明朗，原因还不清楚；另一种是孩子心理准备不足。如果是后者应迟一点找他谈话，可以让他先想一想。在他情绪不稳定时，与他谈话效果肯定不好。比如孩子考试失常，成绩一出来，你就马上找他谈话，无论怎么谈，都会事倍功半。等到他自己前后比较，自我反思后，情绪稳定下来了，希望和你谈谈的时候，你再与他谈话，那时气氛和效果都会比较好。从时间上来说，生理规律告诉我们，下午5～7点是生理活动的最低点，迫切需要补充营养，恢复体力。所以，孩子放学回家时不宜谈严肃的话题，因为一天下来学习的疲劳使人难以集中注意力，也不能很好的控制自己的情绪。晚饭过后，心情逐渐放松，这是与孩子分享家庭幸福，进行沟通的比较好的时机。

这样的道理同样适用于职场当中。例如，你想要与领导进行沟通，让领导采纳你的意见，需要选择好的时机交谈。上午十点左右，领导可能刚刚处理完业务，心情在这个时候得以放松，此时你适时地以委婉的方式提出你的意见，会比较容易引起领导的思考和重视。还有一个较好的时间段是在午休结束后的半个小时里，此时领导经过短暂的休息，会有较好的体力和精力，比较容易听取别人的建议。

提出想法时，选择适当的时机特别重要。如果不得不先提出想法，也要在气氛融洽的时候提出。

刚刚担任经理的王先生，经过市场调查和同行论证，制订了一份扩大销售业务、抢占外地市场的计划书。但实施计划时，需要比较大的人力、物力和财力的投入。王经理明白，这样的计划书，按照公司运营的情况来看，恐怕难以通过，要想使计划得以通过，必须讲究策略。一天，王经理借着老总出差归来的机会，提出要为老总接风洗尘，并特地安排在一家老总从未到过的风味小店就餐，并且带上了参加过市场调研的业务人员。老总吃得很满意，连连夸奖王经理安排得好，既省钱又有特色。王经理看时机已到，就将自己制订的计划书交给老总，并用"抬高目标"的方法强调实施这项计划对公司业务发展的重要性；随同的几位业务员，也以市场调研的亲身经历和感受陈述了实施这个计划的必要性。老总见计划书准备得相当充分，当即表示同意，并答应三天内召开董事会来研究这项计划。

当领导的工作比较顺利、心情比较轻松的时候，如某些方面取得成功、节日前夕、生日等，心情会比较好，这是与领导进行沟通的好时机。当领导心情不好时，你的意见他就很难听进去，此时不便于沟通。

说话的时机选择好了，也要注意说话的内容和语气。如果一个人家里正在办丧事，处于无限悲痛之中，我们就不能以要求的口吻叫他去干这个做那个；如果某个工厂老板因为使用新工艺，但却没有获得成功，正在无限懊悔的时候，最好不要再毫无保留地去评论这个新工艺，必须等对方后悔之情淡漠之后再去说明其中原因；如果公司在竞争中处于下风，而你还反复不停地议论参加这次竞争的不明智，那是愚蠢的行为。

总之，在人际交往中，有很多话语不是我们想什么时候说就可以随便说出口的。说话如果没有选择好时机，很可能会把事情搞砸；只有把握好说话的时机，才能做成自己想做的事。

说话一定要适应特定的场合

场合，是指说话的场所和氛围。场合对说话的影响，比其他因素更为具体直接。

俗话说"到什么山唱什么歌"，"什么时候说什么话"，就是告诉人们，说话一定要适应特定的场合。场合多种多样，从公共场合的性质看，公共场合有正式与非正式之分。一般来说，正式场合社会制约性较强，人员众多，说话时要注意做到准确规范、庄重典雅，同时应避免谈论涉及隐私或敏感的话题；而非正式场合比较宽松、随便，说话不必一本正经，应以自然、通俗、幽默为宜。

有这样一个故事：有位县太爷得子，摆满月酒的时候，下属官吏都去祝贺，其中一个人恭维说："这孩子长的多好呀，你看，有富贵之相，以后必当大官。"另一个也不甘落后，说："你看，这孩子的手多大，是个掌钱的相，以后呀，必定发大财。"结果大家都很高兴。争先恐后说着恭维话。有个人来晚了，一时想不出什么话来说，就说了一句："这孩子好是好，但和我们一样，终归是会死的。"这句话让在场的所有人瞠目结舌，县太爷非常生气。尽管这个人说的是大实话，但是因为不符合场合，没有注意说话环境，结果使大家不欢而散。

有些话孤立地看是对的，但在特定的场合就行不通，让人接受不了。所以，说话要注意场合，才能取得最佳效果。

同一称呼，在有的场合使用是得体的，而搬到其他场合就可能别扭。如当面叫"爷爷"很自然、亲切，若叫"祖父"就显得生硬了；反之，在另一些庄重场合（如法律文书中），则以后者为宜。如果人兼有几种身份时，应因时因地而定。若自己的哥哥是自己的任课老师，在课堂上一定要称"老师"，回到家里就大可不必了。

在不同的说话场所进行的沟通，产生的效果是不一样的。愉悦的沟通环境将有助于使沟通达到事半功倍的效果。

例如，在教育孩子的问题上，要特别注意，千万不要在众人面前批评孩子。因为孩子的心灵是非常敏感的，你批评孩子是什么样子，他将来就有可能真的会成为那种样子。当家长说："你怎么这么笨"的时候，本来聪明的孩子也会真的变笨了。不分场合的批评，不仅让孩子不能接受，而且也会使亲子关系恶化。因此，

最好在只有你和孩子在一起的时候，通过温和的引导方式，让孩子意识到自己的错误和不足。

再如，在职场中，领导不要在公共场合批评下属。因为人都有个面子问题，在单独的场合指出缺点，体现着对下属的爱护，他会比较容易接受。批评其错误行为时，应就事论事，不要对他人评头论足，伤害其自尊。批评是为了帮助下属成长进步，要帮助他们分析原因，消除顾虑，树立信心，明白今后努力的方向，鼓励他们把工作做得更好。如果不注意这一点，就会引起下属的反感。

说话要简明扼要突出重点

说话切忌喋喋不休、啰啰嗦嗦，应该言简意赅地表达自己的观点和看法。

平时与人交谈时，尽量做到简单明了，不要拖泥带水，不要说了半天让人不知所云。说话要简洁，不啰唆，让听者明白你的意图，这将有利于提高办事效率。

清代小说《镜花缘》中有这样一个故事：林之洋、唐敖几个人在淑士国一家酒楼喝酒，酒保错把一壶醋给了他们，林之洋喝了一口，忙喊："酒保，错了，把醋拿来了。"这时旁座的一个老儒连连摆手，示意他不要喊，接着说道："今以酒醋论之，酒价贱之，醋价贵之。因何贱之？为何贵之？其所分之，在其味之。酒味淡之，故尔贱之；醋味厚之，所以贵。人皆买之，谁不知之。他今错之，必无心之。先生得之，乐何如之……"且不说这位老儒滥用"之"字，仅仅从内容上说，也是废话连篇。明明三言两语便能说清楚的话，他却长篇大论，让人越听越糊涂。因此，在说话时，语言一定要简洁，否则谁也不愿听。

例如，在与孩子沟通的过程中，父母就不应该长篇大论。有的父母以为，沟通就是长时间的说教，却不知道正是自己的长篇大论，使孩子把握不了父母说话的重点，也没有说话的机会，从而没有起到沟通的效果。

再如，在与领导交谈时，也一定要简单明了。对于领导最关心的问题要重点突出、言简意赅。如果是在讨论设立新厂的方案，领导最关心是投资的回收问题。领导希望了解投资的数额、投资回收期、项目的盈利点、盈利的持续性等问题。因此你在说服领导时，就要重点突出、简明扼要地回答领导最关心的问题，而不要东拉西扯，分散领导的注意力。

进行有效的信息沟通，首要的前提是表达的信息必须使别人能够理解，信息必须是清楚和明确的。交谈时最基本的一点，就是要让他人准确无误地听明白自己的发言。这看起来很容易，做起来却并不简单。可以从以下几个方面做起：

1. 发音标准，吐字清晰

说话含含糊糊、口齿不清楚，很容易让对方感到不耐烦。尤其需要注意的是，不要在说话时，嘴里含着食物或其他东西。应该做到发音标准，吐字清晰。

2. 要有较好的表达能力

一个好的沟通者，应该具有较好的表达能力，能够将自己的意思完整、准确地表达出来。如果是文字信息，应该简明扼要，具有一定的可读性。最最重要的，是忌用方言、专业术语，应以普通话作为正式标准用语，尽量选择精确的词汇。我们经常看到一些文件、通知、简报等，晦涩难懂，不要说理解，连读都很困难。特别是有些文字信息，不考虑对象的具体情况，也会使交流受到影响。

3. 语言要简洁明了

与人交谈时，用语要言简意赅，将自己所要讲的事用最简洁、明了的语言表达出来。一般来说，信息越简单明了，就越容易得到正确的理解。如果要表达的信息十分复杂，应该逐步表达出来，给接受者以理解、消化信息的机会。

4. 不同的对象说话也不一样

谈话的特殊性在于它是即时发生作用的。这就要求谈话者对自己要表达的内容有清楚的考虑，同时针对不同的对象"见什么人说什么话"。

5. 不可产生歧义

所说之话要含义明确，不可模棱两可，产生歧义，以免产生不必要的误会。例如，"咱们单位里老张是长寿冠军，您排第二。可上周老张不幸去世了，所以这回该是您了！"这句话原意是说对方已取代老张成为长寿冠军了，可乍一听却以为是在说对方也要步老张后尘赴黄泉路了。可见，语意明确是十分必要的。

避免冷场要学会没话找话

无话可说是沟通中很尴尬的境地。其实，话题是找出来的。只要善于寻找，就不会无话可说。

在交谈时，不善言谈很容易使人陷入尴尬的局面。因此，要想在交谈时得心应手、游刃有余，必须掌握在交谈时善于没话找话的诀窍。

没话找话的关键是要善于找话题，或者根据某事引出话题。因为话题是初步交谈的媒介，是深入详谈的基础，是纵情畅谈的开端。没有话题，谈话是很难顺利进行的。

衡量话题的优劣有一定的标准，好话题的标准是：至少有一方熟悉，能谈；大家都感兴趣，爱谈；有探讨的余地，好谈。

那么，怎样才能找到合适的好话题呢？

1. 借用新闻或身边的材料

我们可以巧妙地借用彼时、彼地、彼人的某些材料为题，借此引发交谈。有人善于借助对方的姓名、籍贯、年龄、服饰、居室等，即兴引出话题，常常能够收到较好的效果。"即兴引入"法的优点是灵活自然、就地取材，其关键是要思维敏捷，能作由此及彼的联想。

2. 找到共同爱好

我们应问明对方的兴趣，循趣发问，顺利地进入话题。如对方喜爱足球，便可以此为话题，谈最近的精彩赛事、某球星在场

上的表现等，都可以作为话题而引起对方的谈兴。引发话题，类似"抽线头""插路标"，重点在引，目的在导出对方的话茬儿。

3. 把话题对准大家的兴奋中心

在交流时，要选择大家关心的事件为话题，把话题对准大家的兴奋中心。这类话题是大家想谈、爱谈又能谈的，自然能说个不停。

4. 以提问的方式不断拓展话题

向河水中投块石子，探明水的深浅再前进，就能更有把握地过河；与陌生人交谈时，也可以先提一些"投石"式的问题，在略有了解后再有目的地交谈，便能谈得更为自如。如"老兄在哪儿发财？""您的孩子多大了？"等。

5. 由浅入深，一见如故

"道不同，不相为谋。"只有志同道合，才能谈得拢。我国有许多一见如故的美谈。陌生人要能谈得投机，要在"故"字上做文章，变"生"为"故"。要做到变"生"为"故"，首先得看准形势，不要放过说话的机会，适时插入话题交谈，适时地自我表现，以便让对方充分了解自己。交谈是双方活动，只了解对方，不让对方了解自己，同样难以深谈。陌生人如能从你"切入"式的谈话中获取教益，双方会更加亲近。适时切入话题，能把你的信息主动有效地传递给对方，符合"互补"原则，奠定了谈话的基础。

双方对彼此都有了一定的基本了解后，还要寻找自己与对方之间的媒介物，以此找出共同语言，缩短双方谈话距离。如见一位陌生人手里拿着一件什么东西，你可以询问："这是什么？……

看来你在这方面一定是个行家。正巧我有个问题想向你请教。"对对方所从事的事情显出浓厚兴趣，通过媒介物引发表露自我，交谈也会顺利进行。

在与人交流的过程中，应留些空缺让对方接话，使对方感到双方的心是相通的，交谈是和谐的，进而缩短彼此间的距离。因此，和对方交谈，千万不要滔滔不绝，不给别人留说话的机会，而应是虚怀若谷，欢迎探讨。

必要时可以插插话

在谈话过程中，有时要学会适当地插插话。当然不是随便地插话。

胡律师曾承办过一件已经由法院判决的诉讼案件，但双方对于法院裁决的有效性却还有所争议，经过数次的讨论，仍无结果。不过，胡律师已看出对方的信心有了细微的动摇。

法院判决的有效与否，对谈判结果具有重大的影响。因此，虽然对方觉得此一议题已无再谈下去的必要，但胡律师仍旧再三地使用"插话"的技巧，努力地把话题拉回判决有效与否的问题上。胡律师一再告诉对方"虽然我们已就法院判决的问题充分地讨论过，再重新提出确实是有些煞风景。不过……"接着便说明自己对判决的看法。就这样，一有机会胡律师便反复陈述对法院判决的看法。最后，对方的信心终于完全动摇，而反过来接受胡律师的主张了。

适当地插话，或简述你过去的同样经验，以印证说话者的观点，或直接表达你对说话者的观点的理解、赞同，不仅可以让某些事情有所转机，更可以有效地促进人际沟通。

那么，在插话的过程中，要掌握哪些技巧呢？

1. 插话的频率要适度，内容要有所选择

插话的运用频率不宜太高，以防给对方造成心理上的压力或打乱安全谈话进程；插话的内容要有所选择，可以对对方所说的话表示赞赏和认可，如"对！""有道理！""这观点我同意。"等。

2. 避免争论

即便对方的言论中，有很多没有道理的地方，甚至说连整个句子都是非颠倒，你也应先肯定你认为相对合理（对你而言并不一定正确）的那部分，以免引起对方的反感而让你无插话的机会。当你肯定的信号进入他的大脑之后，对方将会改变对你不够信任或者不够友好的态度。

3. 选择恰当的时机

在适当的时机插话会有良好的效果，插话时机不当还不如不插话。最好在说话人将一层意思说完、话音落定之后再插话。不要在一句话中间横插过去，直接打断对方的话。这样很不礼貌，打断对方的思路也会令对方反感，效果也可想而知。

4. 对自己没听清的话进行询问

我们可以尝试使用这样的话语，如"您刚才说什么呀？""刚才的话我没听清楚，请您再重复一遍好吗？"等。

5. 及时做出自己的判断

我们可以及时就对方的观点做出自己的判断，简明扼要地表

达赞同、反对或做出补充说明等，让整个谈话过程呈现出互动性和有序性。比如，当对方急切地想让你理解他的谈话内容，并作反复杂乱的解释时，你应该插一两句话来概括他话中的含义，像"你想说的是这个意思吧……""我明白你的意思是指……"等，这样既让对方感到了你的诚意，又验证了双方的交流程度。

6. 紧急救急法

有时对方在说话时说着说着，突然语言卡壳，或一下子找不到合适的词了，此时，你就可以帮他接下话尾，如"就这个观点，现在是否还有新的说法……""当时在场的还有……""我觉得这个事情还有这样一层道理在里面……"等。

7. 启发引导

我们可以对对方进行启发引导，例如："后来怎么样？""能举个例子吗？""这有什么依据吗？"等。

8. 想好插话的内容

我们不要急于插话，要想清楚自己要说什么，怎样插入话题比较合适。即兴插话，语无伦次地乱讲一通，对方会很扫兴；把话说的条理清晰，才能令对方信服。

9. 看准插话的对象

我们在插话时要看人，不要不看对象地乱插话。比较熟悉的朋友，不碍事；与上级领导就不能信口开河了，尽量少插话为佳。不过事后你可将自己的意见，通过合理的方式反映给领导。一般的领导不会喜欢下属在自己谈话时乱发言。

10. 调控全局法

当对方偏离主题、信马由缰地大侃特侃时，应善于运用插话

的技巧来调整谈话的重心，使谈话向着有利于谈话主题的方向发展。可以适时插话进去，诸如"我想今天还是主要讨论……""能不能就这个问题，我们再交换一下意见"等之类的话。这种插话能使整个谈话过程形散而神不散。

引导对方先开口

我们在说话时是说给对方听的，而不是说给自己听的。因此，说话不要仅图自己痛快，更要顾全对方的兴趣，引导对方开口。

在谈话中，我们不仅要自己说话，更要鼓励对方开口，这样才有助于我们与对方建立融洽的关系，接纳彼此的观点。

鼓励对方先开口，可以降低谈话中的竞争意味。我们在与对方谈话时可以先倾听对方说话，这样可以营造开放的气氛，有助于彼此交换意见。对方由于不必担心竞争的压力，也可以专心说出重点，不必忙着为自己的矛盾之处寻找借口。

让对方先提出他的看法，让他充分表明所有的观点和要求，这样对方暴露的信息过多，回旋余地较小。我们就有机会在表达自己的意见时，掌握双方意见一致的地方。倾听可以使对方更加愿意接纳我们的意见，使我们更容易说服对方。

在谈话中，虽然我们可以操纵发言权，但我们必须找机会诱导对方说话才行。当说到某一个问题时，可征求对方对这个问题的看法，或在适当的时机请对方讲述自己的经验，使对方不至于只是听而插不上话，这样才不失为一个善于说话的人。

让对方先开口的方法——"假装不懂"。故意装作不知道，对方就会不断地为我们说明，这不仅能使我们得到更多宝贵的信息，也能看出对方的品格。日本经营之神松下幸之助就是勤于学习的经营者，有许多知识或情报或许他早已知道，但是只要对方先开口，他就会露出期待的眼神要求对方说明，因而会套出更多难得的信息。

假如你所遇到的对象始终不肯开口，可以想办法引起他的好奇心，让他意识到你的存在，然后再引导对方开口。

一名记者听说一家企业快倒闭了，得到消息之后，立刻去拜访该公司的公共关系主任，但是这位主任什么消息也不肯透露，表现出强烈的敌意。就在这个尴尬时刻，他突然搜寻衬衫的口袋，裤子的口袋，最后没办法，只好先摸外套的口袋，这位主任觉得很奇怪，便问："你怎么了？"他回答："我找不到香烟。"主任拿出烟来递给他，他赶紧抓住这个机会与主任交谈，因而获得了很多宝贵的信息。这位记者能够得到宝贵的信息，纯属巧合，不过，偶尔刻意以一些动作来消除对方的警戒心，对方往往就会坦诚地说出心中的话。

促使对方消除警戒心、自动开口，有以下要点可供参考：

★保持微笑，让对方感觉到你的亲切。

★在对方说话的过程中，适时地点头，表示赞同。

★认真聆听对方倾诉，表示关心。

★以能够引起对方好奇心的事物为话题。

★面对沉默不言的人，以他的物品或动作为话题，自然可使他开口。

平日注意与人保持联系

平时互相拜访，多沟通，对于建立和谐的人际关系大有益处。

平时可以抽时间陪上司聊聊天、下下棋，可以到同事家串串门、聚聚餐。很多人落座之后，常爱说一句"无事不登三宝殿"，言外之意是有事相求。有的人常常无事也登"三宝殿"，平日很注意与人保持联系——哪怕是一个电话也好，让别人知道，他们在自己心目中占一席之地，如果非到有事才找人不可，未免显得太过功利主义，不免惹人反感。昔日一个很久未与你联系的同事，突然打电话请你帮他贷笔巨款，恐怕你感到的不仅是为难，还会有极大的不快吧。

工作之外常到同事家做做客以加强联系沟通是必要的，但却要把握一定的分寸，懂得做客的学问。免得落个乘兴而去，败兴而归——太不拘小节，让主人反感，就会成为一个不受欢迎的客人。

下面是拜访同事或朋友时应注意的一些要点：

★预约的拜访要严守时间，别忘了"浪费别人的时间等于谋财害命"。如果预约的拜访不能准时赴约，要提前打电话通知，即使责任不在自己，也要道歉。

★主人向自己介绍新朋友时，一定要站起来，以示尊重，同时一定要在第一次介绍中记住对方姓名，免得谈话里不好称呼。对一些自己不认识的长辈或领导，要主动站起来，先自我介绍，让对方了解自己。介绍自己时要亲切有礼，态度要谦虚，不能自我吹嘘。如果在单位担任领导职务，也只能介绍自己所在的单位，而不能介绍职务，对某项工作有研究，只是说对某项工作爱好就行了。

★在同事或朋友家做客，受欢迎的人绝不大大咧咧地径直坐到席上，须等主人力邀才"恭敬不如从命"。等人时，不要左顾右盼；主人奉茶之后，先放在桌上，在谈话的间隙啜饮最为礼貌。

★去拜访对方，首先要选择适当的时间，探访前先要和被访的同事或朋友约好时间，了解对方是否在家、是否方便登门，免得对方有急事无暇接待，双方都感到冷淡。同时最好避开吃饭时间和午睡时间。回来时不要过晚，以免影响主人和家属休息。

★在进同事或朋友家门前，要先看看鞋上是否带泥。擦拭之后，先行敲门再走进去。雨具、外衣等要放到主人指定的地方。如果主人较自己年长，在主人没坐下时，自己不宜先坐下。自己的交通工具如自行车要锁好，放在不影响走路通过的地方，如果放的位置不好或忘锁被盗，不仅自己受损失，也会给主人带来麻烦。

★要知道吸烟属个人嗜好，有人喜欢有人厌，抽烟时一定要征得主人特别是女主人的同意，以免间接吸烟亦危害他人的健康。如果主人家未置烟灰缸，多半是忌烟的。先掏烟打火，再让主人匆忙替你找烟灰缸，是不尊重人的举动。

当然，在应酬中没有永远的主人，永远的客人，做个懂礼之客固然重要，做个得体待客的主人也很重要。事先得知有人来访，

要提前"洒扫门庭，以迎佳宾"，并准备好茶具、烟具。客人进门后，要热情迎接并请上座。如果客人是远道而来，要询问是否用过餐。对一般客人，在饭前只给烟茶就可以了，茶壶可以放在桌上。对尊敬的客人或领导、长辈、同事，最好在另外的屋里把茶倒好送进去，每次倒茶要倒八分满，便于客人饮用。

对于"不速之客"，要起立相迎。室内来不及清理，应向客人致歉。不宜当着客人的面打扫卫生，弄得满屋灰尘。接待时，要问明来意。比方说："你今天怎么抽空来了呢？"对方如答："有事要麻烦您。"可又不一下子直说出来，就不要立即追问，恐怕是因为还有家中其他人在场，难于启口。那就不妨改变一下接待方式。

由于实际需要的不同，为他人作介绍时的方式也不尽相同。

介绍他人常用的几种方式如下：

★一般式。也称标准式，以介绍双方的姓名、单位、职务等为主，适用于正式场合。

★简单式。只介绍双方姓名一项，甚至只提到双方姓氏而已，适用一般的社交场合。

★附加式。也可以叫强调式，用于强调其中一位被介绍者与介绍者之间的关系，以期引起另一位被介绍者的重视。

★引见式。介绍者所要做的，是将被介绍双方引到一起即可，适用于普通场合。

★推荐式。介绍者经过精心准备再将某人举荐给某人，介绍时通常会对前者的优点加以重点介绍。通常，适用于比较正规的场合。

★礼仪式。是一种最为正规的对他人的介绍。其语气、表达、称呼上都更为规范和谦恭。

把想法或感受直接告诉对方

直接说出来。也许是往前走下去的第一步。

人与人之间的很多隔阂和矛盾，往往来自于不直接说出自己的感受。不是以为对方应该知道，就是以为自己太了解对方，于是，不去表达也不去核对，结果常常出现问题。很多时候，静下心来直接告诉对方自己真正的感受，对人对己都有益处。

例如，一位叫小多的孩子跟父亲的关系一直都不好，他已经有许多年没有和父亲讲过话了。于是，他走进了一家心理治疗室。治疗师请一位同学扮演他的父亲，请他们两个人面对面直视对方。一开始，小多都不想看他，手握着拳头，身体微微颤抖，在场的人都能感受到他有很大的愤怒，但却一直压抑着愤怒。这个时候，治疗师请小多叫对方一声"爸爸"，小多还是说不出口。僵持一阵之后，小多愤怒的情绪逐渐转为悲伤，低着头小声地哭泣起来，但还是不愿意去看"爸爸"。这是个关键的时刻，治疗师开始征询小多的意愿，问他愿不愿意继续下去，小多点了点头。于是当他说了下面这一段话之后，多年来的心结，突然放下了。

"我不想承认你是我父亲，可是你却生了我，我若承认我是你儿子，我就输了。我讨厌你，我不想看到你，可是我还是很想靠近你，渴望得到你的爱！"

　　有时直接说出自己真正的感受，并不是一件容易的事。因为有的人已经不习惯说真话，当压抑、迂回成为一种生活方式，他们就很难去发现各种关系中的爱。这种爱的关系来自于真诚，而直接说出来就是真诚的具体表现。有时候，也许直接说出来会觉得很痛、很受伤，但只有鼓足勇气去接受这个痛，才能看到在这个痛底下的爱。

　　在家庭中需要直接说出自己的想法，在职场中也需要直言不讳地告诉对方我们的要求与感受。一位知名企业经理就曾坦言道："我在国际商谈中，时常以'我觉得'（说出自己的感受）'我希望'（说出自己的要求和期望）为开端，结果常常会令人极为满意。"直接告诉对方，将会有效地帮助我们建立良好的人际关系。但要切记"三不谈"原则：时间不恰当不谈、气氛不恰当不谈、对象不恰当不谈。

　　同样，在爱情方面，有时也需要大胆而毫无保留地向对方吐露自己的感情。一般而言，对性情直率、表达思想感情喜欢开门见山的人宜采用此法。另外，对于交往比较深，有一定的感情基础，或者两人已经暗地互相倾慕，只需"捅破那层纸"来说，直抒胸臆表达感情很省力，也别有一番趣味。列宁向克鲁普斯卡娅求爱时，就直截了当地说："请你做我的妻子吧！"而一直爱慕列宁的克鲁普斯卡娅也回答得很干脆："有什么办法呢，那就做你的妻子吧！"

采用恰当的措辞与人沟通

采用恰当的措辞与人沟通，可以改变很多事情。

相恋八年的女友将小刘甩了，小刘终日借酒浇愁，郁郁寡欢。朋友们看着难受，便整日轮番过去作陪，总在一边陪酒，一边劝说。但劝来劝去，反反复复，也就那几句话，说什么"女人是衣服""旧的不去，新的不来"；还有就是什么"三条腿的蛤蟆不好找，两条腿的人还不好找吗"，等等。理倒是这个理儿，可说了一千遍讲了一万遍，小刘就是无动于衷。

后来有一天，一位朋友见苦劝无效，脑子一转突然诗性大发，脱口高声吟出不知在哪儿看到的一句诗："不要失望！因为你所失去的只是春天里的一朵花；抬头远望，整个春天还是你的！"小刘一听，立刻一下子来了精神，竟然也跟着小声读了起来。不久，小刘就从失恋的阴影中走了出来。后来他告诉朋友们，正是这句诗让他振作了起来。

同样的一件事情，运用不同的措辞效果就会有天壤之别。

掌握并善于使用措辞进行交流，对于我们来说具有莫大的助益。成功地促使他人改变态度和行为的原则是既要解决问题，又要不伤害双方的情感或对方的自尊。因此，措辞是否恰当是非常关键的。

我们要避免使用带强迫意味的词语和语气。强迫性的措辞会

让别人觉得丧失了主动权，产生逆反心理。例如，"您这星期哪天方便，我们见见面？"比"我们在星期一上午10点见面还是在星期三下午2点见面？"的效果会好得多，因为后者具有一定的强迫性。

跟别人交流时，措辞是很重要的，讲话时一定要用积极的措辞。例如，某所学校只有一个山西的学生，校领导直接告诉来访的家长说，在这所学校里只曾有一个山西的学生就读，显然这会对家长造成消极的影响，认为学校规模可能不大。如果换个积极的措辞，说在这所学校里面已经有过一个山西某地的学生了，给家长的感觉就是你对学校的情况还比较了解，而且学校招生范围很广，就会对你产生一定的积极影响。

适当的措辞可以使建议易被对方接受，当然拐弯抹角地让别人猜你到底在说什么除外。不过请注意，如果你还未听完整个问题的精髓，即使用词再得体也没有用。如果你已经完全地听完，便可以试着使用以下句子："关于这个，你想让我说一点儿我的想法吗？""对于这个问题，我见过别人用这样的方法解决。"最好避免使用"你应该这么做"或者"你有没有试过（你的办法）"之类的说法。因为，它们听起来好像要让人欠下人情一样。

善于倾听可提高沟通质量

我们要善于发现，除了用耳朵听，还要留心捕捉对方的面部表情，洞察其眼睛的变化、感知其心理和情绪的变化，在沟通时及时做出话术的调整。

在与人沟通时，发现是沟通的关键。例如，家长在倾听孩子说话的过程中，不但要认真倾听，而且要善于思考，注重在谈话中发现孩子的闪光点。比如，发现孩子能够独立地讲述简短的故事时，要及时给予赞赏："你讲得真不错！"孩子第一次能坚持自己的观点据理力争时，应该称赞："你真有主见，就像个雄辩家。"要注意培养并保护孩子的自尊心，不能一味地说教、指责。

在倾听的过程中，不仅要听清、听懂沟通对象的有声语言，还需要对他的动作语言也加以观察和解读，即要善于察言观色。从讲话者的服饰、举止、谈吐、神态、声调等方面看出他的心情、精神状态和生活习惯，听出弦外之音，发现对方的真实意图。开始谈话前，首先要看对方有何与自己相同之处。

不同的企业文化、不同的管理制度、不同的业务部门，沟通风格都会有所不同。一家欧美的 IT 公司，跟生产重型机械的日本企业员工的沟通风格肯定大相径庭。再如，人力资源的沟通方式与工程现场的沟通方式也会不同。新人要注意观察团队中同事间的沟通风格，善于发现大家表达观点的不同方式。假如大家都是开诚布公，你也就有话直说，倘若大家都喜欢含蓄委婉，你也要注意一下说话的方式。总之，要尽量采取大家习惯和认可的方式，避免特立独行，招来非议。

生活中的很多名人之所以有所成就、有所作为，甚至成为大师级的人物，是因为他们很幸运地在有意无意之间，选择了自己擅长的事情去做，并与社会的发展和经济的进步结合在了一起。

事实上，我们每个人的身上都蕴藏着独特的潜能，我们要把

它们挖掘出来，发扬光大，以不断提升生命的意义。我们要学会运用观察、展示的手段，发现自己的优势，评估自己的智慧。

我们要学会判断、发现别人和自己的优势在哪里。比如，当孩子看到别人做某件事时，他心里是否会有一种召唤感；当他完成一件事时，他是否会有一种满足感或欣慰感；如果你发现孩子在做许多事情时需要学习，需要不断地去修正和演练，而在做另外一些事情时，却几乎是自发的，不用想就本能地去完成这些事情，这就是他的优势。另外，判断孩子智慧的一个好方法，就是观察他们在生活中"不规矩的表现"：语言智慧强的孩子比较爱说话，空间智慧强的孩子爱涂涂画画、发呆冥想，人际交往智慧强的孩子善于与人交往，肢体动作智慧强的孩子坐不住、爱打闹。这些生活中特殊而不规矩的表现，其实也是一种信号。

说话要三思而后言

做事要三思而后行，说话也要三思而后言。

"三思而后行"已成为一句传世格言，用来告诫我们不要因为一次草率的行动而留下"一失足成千古恨"的遗憾。而说话也一样，不经考虑脱口而出的言语往往会引起他人的不悦，甚至让沟通的目的就此泡汤。为了避免发生这种事，在说话之前，应该先想想自己想说什么、该说什么，要"三思而后言"。

例如，有个女孩子告诉她同事，说她有口臭，闻起来像是死鱼的味道。那位同事一时间脸涨的通红，从此就敬她而远之，态度冷淡。而这个女孩子还在一旁抗议："我只是开玩笑而已！"

在现实生活中，有很多时候往往因为一句话，使得和他人的距离可远可近，和他人的关系可有可无。如果常常因为说错话而得罪人，或者是不知道自己该说些什么、该怎么说，那么你在沟通能力上就必须有所加强。避免说错话的最好的方法，就是根本不去说那句话。

有一个人急急忙忙跑到一个哲学家那儿说："我要告诉你一个消息……"

哲学家说："等一等，你说的消息有没有用三个筛子筛过呢？"

"三个筛子？哪三个筛子？"那人疑惑道。

"第一个筛子叫真实，你要告诉我的消息是真实的吗？"那个人回答："我不知道。我是在街上听来的……"

"那好。你现在用第二个筛子，消息如果不真实，至少也应该是善意的。你要告诉我的消息是善意的吗？"哲学家打断了他的话。

那人踌躇地说："不。刚好相反……""那么你用第三个筛子，使你如此激动的消息重要吗？"

那人不好意思地说："不算重要……"

"既然你要告诉我的消息既不真实，也非善意，更不重要，那就不要说，如此那个消息就不会干扰你和我了！"

生活中，难免会遇上爱传闲话的人，最好的办法就是阻止他说下去，这样既能躲开是非，又能避免自己受到闲言碎语的伤害。如果你因为闲言碎语而暴跳如雷，倒是中了别有用心者的奸计。

在与人沟通时，说话前要经过大脑思考，在要说出口之前，

先想想"如果别人对我这样说，我会作何感想？""我的批评是有害的、还是有益的？"等。在大多数的情况下，如果能多数花一些时间，设身处地为他人着想，就不会因为说错话，而引起他人的不悦了。

善于停顿能更好地表情达意

谈话中，适当的停顿能够实现"听"与"想"的统一，从而能达到更好的沟通效果。

我们在说话时，如果停顿处理得好，可以有效地控制语速，使话语变得流畅而有节奏，从而能够更好地表情达意。停顿的一般规律是：一句话说完要有较小的停顿，一个意思说完要有较大的停顿；有时候，要说的意思比较复杂，句子较长，不能一口气说完整，中间应该按照句子的成分作短暂的停顿；或者为了强调某一个特殊的意思，也要在句中有所停顿。

在与人沟通的过程中，一定要善于运用停顿。例如，在与客户沟通中，你讲了一分钟的时候，就应该稍微停顿一下，不要一直不停地说下去。否则你讲了很长时间，你也不知道客户是否在听，也不知道客户听了你说的话后究竟有什么样的反应。适当的停顿，可以更有效地吸引客户的注意力。客户示意你继续说，就能反映出他是在认真地听你说话。停顿还有另一个好处，就是客户可能有问题要问你，你停顿下来，他才能借你停顿的机会向你提出问题。在一问一答互动的过程中，自然更能加深对你讲话的印象。再如，教师如果不间断地一直讲课，学生就没有思考的余地。恰当、灵活地运用停顿来控制节奏，能够有效地引起学生的注意力，产生明显的刺激对比效应。教师突然停顿，出现的寂静可以紧紧抓住学生的注意力。一般来说，停顿的时间以三秒左右为宜，这样的停顿足以引起他人的注意。当然，停顿时间不可过长，长时间停顿反而会导致他人注意力涣散。

停顿也是导游讲解中短暂的中止时间，中止时间的长短难以规定秒数。例如，导游讲解时，并不是因为讲累了需要休息一下，才停顿片刻，而是为了使讲解能收到心理上的反应效果，突然故意把话头中止。假如你一直滔滔不绝、口若悬河地说个不停，不但无法集中游客的注意力，而且也会使你的讲解变成催眠曲。反之，如果说话吞吞吐吐，老半天才说出一句话，或在不该停顿的地方停顿了，不仅会涣散游客的注意力，而且容易使人产生语言上的歧义。

人际沟通不只是信息交流的过程，也是情感交流的过程，而情绪总有一个发生和发展的过程，对方往往是在通过谈话者的叙述后而产生联想，进而产生"情绪波"的。如果我们不给对方这样一个机会，而是一掠而过，就难以有效地激起对方深刻的情绪体验。适当的停顿还会使对方认为我们自己也在思考，从而更易于引起情感共鸣。从实际情况看，自然的心理停顿也是沟通者自身情感的一种表露，也能激发对方的情感。

适时的停顿还能引起听者的好奇、注意、产生悬念，急于知道下文。因为突然的停顿是一种节奏的变化，它很容易引起听者的注意。任何心理活动总是在一定的注意伴随下进行的。正如一

位心理学家说过这样的一句话："注意是一座门户，凡是从外界进入心灵的东西，都要通过它。"如果没有对于沟通信息的注意或者不太注意，人们对沟通信息就缺少应有的指向或集中，就不可能把握沟通信息，进而了解并接纳。

停顿作为人际沟通的一种技巧，对于沟通信息的传递、交流，以至情感的表达有着多方面的作用，但它毕竟只是人际沟通的一种辅助形式，所以应因地制宜、择机运用。

感化别人，有理也要让三分

如果能够有一颗善解人意的心，有理也要让三分，那么，很多不必要的冲突与争执就可以避免了。

讲理是天经地义的事情，只有以理服人才能让人接受。人人都有自尊心和好胜心，在不违背原则的基础上，应让别人三分。其实，有些时候给他人留有余地，也是为自己攒下了人情，留下一条后路，这样可以达到双赢的效果。

有这样一则故事。汉朝时有一位叫刘宽的人，为人宽厚仁慈。他在南阳当太守时，小吏、老百姓做了错事，为了以示惩戒，他只是让差役用蒲草鞭责打，使之不再重犯，此举深得民心。刘宽的夫人为了试探他是否像人们所说的那样仁厚，便让婢女在他和属下一起办公的时候捧出肉汤，故作不小心把肉汤洒在他的官服上。要是一般的人，必定会把婢女毒打一顿，至少也要怒斥一番。但是刘宽不仅没发脾气，反而问婢女："肉汤有没有烫着手？"

由此可见，刘宽为人宽容之肚量确实超乎一般人。

现实生活中，不少冲突都是由于一方或双方纠缠不清或得理不让人，一定要小事闹大，争个胜负，结果矛盾越闹越大，事情越搞越僵。这时，不妨糊涂一下，得理也要让三分，用宽容之心待人。在得理时让人，才是一种成功的处世方式。

曾经发生过这样一个故事。

"小姐！你过来！你过来！"一位顾客高声喊，指着面前的杯子，满脸寒霜地说："看看！你们的牛奶是坏的，把我一杯红茶都糟蹋了！"

"真对不起！"服务小姐一边赔着不是，一边微笑着说，"我立即给您换一杯。"

新红茶很快就准备好了，碟子和杯子跟前一杯一样，放着新鲜的柠檬和牛奶。小姐轻轻地放在顾客面前，又轻声地说："我是不是可以建议您，如果放柠檬就不要放牛奶，因为有时候柠檬会使牛奶结块。"

那位顾客的脸一下子红了，匆匆喝完茶，走了出去。

有人笑问服务小姐："明明是他不对，你为什么不直说他呢？他那么粗鲁地叫你，你为什么不还以颜色？"

"正是因为他粗鲁，所以要用婉转的方式对待；正因为道理一说就明白，所以用不着大声。"服务小姐说。

世上的一切事物都是相对的，得理也是如此。有的人，遇事若占了上风，就会盛气凌人，咄咄相逼，非要别人低头求饶方能熄灭心头之火，好像不如此就有损于自己的颜面和尊严。凡事都有一个度，若固执而不知变通，好走极端，超过了度的界限就必

然走向谬误。生活之中遇到纷争，双方若能平心静气的讲明道理，相互谦让，宽容大度，以理相让，则有利于化解矛盾，消除隔阂，从而建立和谐的人际关系。

沟通要学会做适当的让步

俗语："退一步，海阔天空。"不懂得让步，就无法进步。

人生需要坚持，但过分坚持有时会使我们走进死胡同。在人际沟通中，如果能使对方觉得你有"让步"的商讨余地，不但能增强对方沟通的意愿，往往也容易激起对方"让步"的动机和善意。

有这样一则故事。一位不知名的画家，他的作品每次送到出版社去出版时，美术编辑都要对他的作品"刀砍斧削"一番。他很不满意这些修改，但是却没有办法。

一天，画家终于想出了一个办法，在送交作品时，有意在一幅画的角上随意画上一只狗。编辑见了，要求删掉，可画家不肯，两人争吵起来。当争论到白热化的程度时，画家便作出让步，同意把那只狗删掉。

因为画家的让步，编辑的自尊心得到了维护，就不好意思再对画家的作品提出修改的要求，因而保留了作品的原貌。以后，画家每次都用这种"让步"的方法，使自己的作品免受了"刀砍斧削"之苦。

这位充满智慧的画家就是著名艺术家和写生画家弗拉基米尔·安德烈耶维奇·法沃尔斯基。他是一位懂得如何给别人让步的人。

让步是一种智慧，一种胸怀，一种宽容，一种高尚，一种修养。

清朝名臣左宗棠喜欢下棋，而且棋艺高超，少有敌手。有一次他微服出巡，在街上看到一位老者摆棋阵，并且在招牌上写着："天下第一棋手"。左宗棠觉得老人太过狂妄，立刻前去挑战。老人连出破绽，被左宗棠击败，并且左宗棠连胜三盘。左宗棠看到天下第一棋手都被自己打败了，心里非常高兴，志在必得，舍我其谁的自信心更加坚定。接着便去新疆平乱出征了。胜利回来时又和老人下棋，竟然三战三败。第二天再去，仍然惨遭败北。这让左宗棠很迷惑，询问这是为何。老人笑着回答："你虽然微服出巡，但我一看就知道你是左公。上次我知道你即将出征，所以让你赢棋，从而增强你必胜的信念，好为国家平乱立功。如今你已凯旋，我就不客气了。"

在工作和生活中，我们常常需要做出让步，但让步并不表示我们就是失败者。相反，在让步的同时，我们会赢得他人的感激与理解，更能和别人建立良好的关系。

当然，让步并非没有原则的妥协，东郭先生对狼的让步就是不可取的。让步，在合理的范围之内是宽容，超过了界限就是迁就。

商务谈判的让步原则有如下几点要求：

★事前做好让步的计划，所有的让步应该是有序的，将具有实际价值和没有实际价值的条件区别开来，在不同的阶段和条件下使用。

★不做无谓的让步，每次让步都需要对方用一定的条件交换。

★尽量迫使对方在关键问题上先行让步，而己方则在对手的强烈要求下，在次要方面或者较小的问题上让步。

　　★了解对手的真实状况，在对方急需的条件上坚守阵地。

　　★谨慎让步，要让对方意识到你的每一次让步都是艰难的，使对方充满期待，每次让步的幅度不能过大。

| 第二章 |

沟通好人脉广阔

　　我们知道，人脉的维系是靠与人交往。在与人交往中，沟通无疑是最为重要的。沟通好，自然会建立广阔而又牢靠的人脉；沟通不好，不但难以建立良好的人脉，还会失去已建立好的人脉。

主动结交朋友建立人脉

要建立起自己的人脉，就要扩大自己的交友范围，而且还要主动出击。

做人要多交朋友，广结善缘，这样一旦有什么事，你就可以随时随地找到朋友帮忙。要想使一个人尽快与自己从陌生走向熟悉进而成为朋友，首先要丢弃你的"冷漠"态度，率先发出你对他人的友好信号，因为处于主动地位的人总是比处于被动地位的人容易得到朋友。

有一个职员，在工作中犯了错误。上司指责他时，他反驳说："没有人告诉我不能这么做啊！"上司听了，很生气地说："什么叫'没有人告诉你'？你主动问过其他同事或来问过我吗？如果你懂得主动请教别人，你会犯这么严重的错误吗？"这个职员又推脱说："主动不是我的风格。""我比较害羞，不好意思找你。"

每个人都有自己为人处世的风格，但那些风格并不完全是正确的。我们要善于与别人合作、善于主动认识别人、主动请教别人、主动关心别人，排除"害羞""不好意思"等情绪，只有这样，我们才可能获得良好的人际关系。而良好的人际关系是我们人生成功的关键所在。

我们要主动与人打招呼。有些人不是清高，而是没有主动与人打招呼的习惯，结果很多必要的、重要的关系就自动放弃了。主动与人打招呼，会使别人改变对你的看法和印象，觉得你是一

个随和、开朗、心胸宽广的人。这有利于你良好人际关系的形成。

平日我们要做一个积极参与的人，而不仅仅只是一个旁观者。生活中，能够对你有所帮助的人，不是毫无机缘地就会出现，他需要你用心去寻找，需要你积极主动地投入和参与。与此同时，需要你克服自己的"怯场"心理——怯场心理会让你处于被动。此时要意识到，你在别人面前是陌生的，别人在你面前同样也是陌生的，其心理和你是一样的——渴望得到友谊而又感到有些拘束。在这种情况下，如果你首先积极主动地伸出友谊之手，那么对方成为你的朋友也就成功了一半。

如果你仅仅是个接受者，你就很难结交到新朋友。认识新朋友是搭建关系网的第一步，是你职业生涯和个人生活的重要一环。在火车上、健身房里、朋友的朋友、客户的朋友、孩子们的朋友，甚至报刊上报道的人，都可以成为你的朋友。对每个人都要率先伸手，争取主动，由浅入深，逐渐培养友谊。

多交朋友、主动交朋友，自然就要多参加一些社交活动，如与同事一起吃饭、泡吧和唱歌，周末打打牌等。通过这些娱乐活动，加深同事间的了解，增进友情，这样不仅有益于身心的健康，而且对工作也大有帮助。

大胆地承认自己有所不知

知道就说知道，不知道就承认不知道，这才是真正的明智。

先哲孔子云："知之为知之，不知为不知，是知也。"又云："君

子于其所不知，盖阙如也。"讲的就是做事要实事求是，换句话说，就是知道就说知道，知道几分就说几分，不知道就说不知道。

世界著名物理学家、获诺贝尔物理学奖的获得者美籍华人丁肇中先生，曾经为南航师生作学术报告时，面对同学提问时"三问三不知"："您觉得人类在太空能找到暗物质和反物质吗？""不知道。""您觉得您从事的科学实验有什么经济价值吗？""不知道。""您能不能谈谈物理学未来20年的发展方向？""不知道。"三问三不知！这让在场的所有同学感到意外，但不久就赢得全场热烈的掌声。也许，一些人在说"不知道"时往往被看作是孤陋寡闻和无知的表现，但丁肇中先生的"不知道"却体现着一种做人的谦逊和科学家治学的严谨态度，不禁令人肃然起敬。

知识有如浩瀚的海洋，即使是一个杰出的大学者，穷尽毕生之精力，也只能涉猎冰山一角。要想做到门门精通，无所不知，无所不晓，那是根本办不到的。因此，人贵有自知之明。大胆地承认自己的无知，实事求是地看待自己，是有修养讲文明的人的一种表现。

与丁肇中"三问三不知"相似的还有帕瓦罗蒂在一个大型演唱会上的表现。他演唱到高潮的时候，却突然停顿了下来。满座的听众们都惊讶了，乐队也跟着停了下来，大家都不知道出了什么事。这个时候，帕瓦罗蒂解释了原因，他坦诚地说自己忘记歌词了，请求大家的原谅，希望大家能再给他一次表演的机会。在一阵沉寂后，全场爆发出热烈的掌声。事后，有人告诉帕瓦罗蒂："你完全可以做做口型，而不必承认自己忘了词。相信观众肯定会认为是麦克风坏了而丝毫不会怀疑到你身上。"帕瓦罗蒂微微一笑："如果还有下次，我同样会认错。因为事实早晚会被人知道，那对我的声誉影响会更大。"

艺术家敢于承认自己的不知，是一种坦然与诚实，对于每一个人，这种精神都是不可或缺的。

生活中，我们总会遇到很多不懂的东西。这时，不要不懂装懂，诚恳地告诉对方"我确实不懂"，承认自己也有不知道的事并不丢人，还会给对方留下"这个人很谦虚"的印象。相反，为了要自抬身价而不懂装懂，一旦被对方看穿，反而会令对方产生不信任感，这样就得不偿失了。

宽容是一种有效的沟通方式

宽容，有助于化解矛盾，促进有效沟通。

有一位禅师晚上出来练功，看到墙角下有堆垒起的石头，禅师知道这是徒弟违反寺院的规定跳出寺院玩乐去了。正在这时，禅师听到墙外有脚步声，知道是徒弟回来了。于是，他躬下身体，趴在石头上，让翻墙的徒弟踩着他的背下了墙头。徒弟低头一看，自己踏着师父的脊背，羞愧交加，无言以对。老禅师拍着他的肩膀说："时间不早了，快回去吧。"面对违反寺规的徒弟，老禅师没有大声训斥，而是用自己的宽容与大度使徒弟"羞愧交加，无言以对"，并永远铭记在心。

这个故事，讲得就是做人要宽容。用宽容去呵护别人的自尊，继而实现人与人之间心灵与心灵的碰撞，可以达成无声有效的

沟通。

　　宽容就是不计较，事情过了就算了。每个人都有错误，如果不原谅对方的错误，就会形成思想包袱，限制对方的发展，同时也限制了自己的思维。

　　有句谚语说："世界上最大的是海洋，比海洋更大的是天空，比天空更广阔的是人的胸怀。"宽容是一种博大的胸怀，是一种崇高的美德。每一个人由于成长环境、文化背景、思想层次等各方面的不同，造成了在与别人交流时，会产生摩擦、矛盾，甚至怨恨，如果没有宽容之心，沟通就很难进行下去。在与他人相处时，不要唯我独尊，对不同的观点、行为要予以理解和尊重，即使自己有理，也不能咄咄逼人，把自己的观点和行为强加给别人，要懂得尊重他人的自由选择。

　　例如，三峡工程大江截流成功，谁对三峡工程的贡献最大？著名的水利工程学家潘家铮这样回答外国记者的提问："那些反对三峡工程的人，对三峡工程的贡献最大。"反对者的存在，可以让我们保持清醒理智的头脑，做事更周全；可以激发我们接受挑战的勇气，迸发出生命的潜能。对反对者的赞赏，也是一种宽容。

　　宽容，最重要的因素就是爱心。原谅那些曾伤害过我们的人，不是一件容易的事情，但是如果我们这样做了，就会从中体验到宽容的快乐。所以，我们应当尽量以愉快的心情处理生活上的各种问题，即使忍无可忍，也应采取理智的行为来抑制情绪，最终使大事化小，小事化了。这才是最好的沟通方式。

　　生活在社会这个大群体里，人与人之间免不了无意间发生一些磕磕碰碰，总会常因一时的疏忽，而冒犯了别人。遇到这样的事情，正确的做法应当是冒犯者主动真诚地进行道歉，说声"对不起"；被冒犯者应该宽容大度，说声"没关系"。一切误会将会在"对不起"和"没关系"中烟消云散，会使彼此恢复和睦友善的关系。如果待人处世少了宽容，就很容易使矛盾激化，使本来的一件小事变成大事，更严重的话，可能会酿成大祸而抱憾终生。

沟通要留有回旋的余地

给他人留有余地，不单是对他人的尊重，也是在给自己留有余地。

有这样一则寓言故事。

算盘对主人说："我有 13 个档，每个档还有 3 个空缺，上边缺一个算珠，下边缺两个算珠，共缺 39 个算珠。"主人说："我给你补齐就是了。"结果珠子补齐了，可是算盘也不能使用了。

这则寓言告诉我们，在处理问题时，要留有回旋的余地，才能够运行自如。在生活中，我们要学会掌握"留有余地"这种处理问题的技巧。一根铁丝做成的弹簧是有弹性的，但如果我们不顾及弹簧弹性的最大承受力，过于用力拉拽它，那么，最终的结果只能是弹簧的弹性会渐渐削弱，最终会消失。所以，我们做事情时，一定要考虑自己的能力所及，尽量做到量力而行，量体裁衣，留有余地。

留有余地，就不要"擅自定论"。大多数人都爱面子，有时

尽管明知是自己错了，感到后悔，但为了维护自己的自尊心，也会强词夺理，拒不认错。遇到这种情况，除了需要掌握恰当的方式、方法外，还要注意给对方留有余地。当与对方观点分歧较大，情绪都比较激动时，千万不要把对方逼进死胡同，要善于运用"等我再了解一下情况后再谈""请你回去再考虑一下""等有机会我们再谈"等这样的言辞，这样不仅给自己留下更多的准备时间，也给对方有充分的时间去反省自己，同时也能够缓解一下紧张的气氛，使结果达到事半功倍的效果。

很多时候，即使是绝对有把握的事情，也不要把话说得过于绝对。过于绝对的东西往往容易引起他人的"挑刺"，如果对方有意为难，总会找出借口。所以，在交流时，不如把话说得委婉一些。同时，不把话说得太绝对，就可以在更为广阔的空间里与对方周旋。

说话不留余地，把话说得太绝对了，把自己的后路堵死了，结果会弄得很僵。在沟通中留有余地，就能使自己可进可退，这样也可以给他人留有较大的活动空间。这样的交流富有弹性，符合人的理性，容易取得好的结果。

学会妥协是聪明之举

不懂得妥协之道，必然会经常受阻。甚至会经常碰壁。

在与人沟通中，很重要的一点是要学会妥协。在很多成功的沟通案例中，都蕴含着妥协的成分在里面，大到公司与公司之间的谈判，小到同事与同事之间处理工作问题，都会存在着或多或少的妥协。

　　25 岁的晓晓，在广告公司奋战两年后工作进入瓶颈状态。新上任的独身男老板热爱夜生活，喜欢找男女同事一起出去泡吧。每次晓晓总是微笑着拒绝，第一，不喜欢泡吧这种娱乐方式；第二，就算是泡吧，也不想和老板一起泡。然而不久后她发现，公司的业务渐渐跑到喜欢和老板一起过夜生活的人手里去了，而她则蜕变为那些人的副手。在这一轮的职场竞争中，她莫名其妙地败下阵来。

　　晓晓失败的原因，在于她不懂得去妥协，而也有同事和晓晓一样的情况，却妥协得很聪明。那些同事只在最初的几次去泡了。和老板混熟了、彼此十分信任了之后，让老板明白，自己实在不喜欢泡吧，然后即时抽身出去，既稳住了事业，又保全了生活。

　　生活中，没有绝对的正确和绝对的错误。在和他人的沟通中，如果有绝对的正确和绝对的错误，那么，沟通就难以进行下去。简单地进行正确和错误的判断，是幼稚的和绝对化的。人的智慧非常有限，自我判断再正确，也会有缺陷和错误。接受别人部分正确的观念，调整自我观念系统中偏差的方面，可以不断完善自我，达到进步的目的。

　　妥协并不意味着放弃原则，一味地让步。应当区分明智的妥协和不明智的妥协。明智的妥协是一种适当的交换，即为了达到主要的目标，可以在次要的目标上做适当的让步。这种妥协并不是完全放弃原则，而是以退为进，通过适当的交换来确保自身要求的实现。相反，不明智的妥协，就是缺乏适当的权衡，或是坚

第二章　沟通好人脉广阔

041

持了次要目标而放弃了主要目标，或是妥协的代价过高遭受不必要的损失。因此，明智的妥协是一种让步的艺术，而掌握这种高超的艺术，是现代人成功生活的必备素质。

沟通中的妥协，是建立在底线的基础上的妥协，就像和街头小贩的讨价还价一样，当我们还价是他无法接受的情况下，交易是无法完成的。在沟通前，需要明确自己的底线是什么，自己最低能够接受的条件是什么。在沟通中，要反复试探出对方的底线，沟通的余地只能建立在彼此双方的心理底线以上，否则，再好的沟通技巧都会失去效果。

在现实生活中，善于妥协是对自我情况全面、深刻、客观的了解，也是对对方的全面了解，不仅是一种明智，而且是一种美德。能够妥协，意味着对对方利益的尊重，意味着将对方的利益看得和自身利益同样重要。在个人权利日趋平等的现代生活中，人与人之间的尊重是相互的。只有尊重他人，才能获得他人的尊重。因此，妥协不是无原则，不是迁就，不是抛弃，不是失败，而是成功的重要策略。善于妥协就会赢得别人更多的尊重，就会获得更多的机会，就会使你成为生活中的智者和强者。

懂得感恩会使人际关系更加融洽

感恩，是一种对恩惠心存感激的表示，心怀感恩也能打动对方。

感恩是一种处世哲学，也是生活中的大智慧。一个有智慧的人，不应该为自己没有的斤斤计较，也不应该一味索取和使自己的私欲膨胀。学会感恩，为自己已有的而感恩，感谢生活给你的赠予。这样你才会有一个积极的人生观，一个健康的心态。

感恩是一种处世哲学，是生活中的大智慧。人生在世，不可能一帆风顺，种种失败、无奈都需要我们勇敢地面对、豁达地处理。这时，是一味地埋怨生活，从此变得消沉、萎靡不振？还是对生活满怀感恩，跌倒了再爬起来？英国作家萨克雷说："生活就是一面镜子，你笑，它也笑；你哭，它也哭。"感恩不纯粹是一种心理安慰，也不是对现实的逃避，更不是阿Q的精神胜利法。感恩，是一种歌唱生活的方式，它来自对生活的爱与希望。

有一次，美国前总统罗斯福家失窃，被偷去了许多东西。一位朋友闻讯后，忙写信安慰他，劝他不必太在意。罗斯福给朋友写了一封回信："亲爱的朋友，谢谢你来信安慰我，我现在很平安。感谢上帝：因为第一，贼偷去的是我的东西，而没有伤害我的生命；第二，贼只偷去我部分东西，而不是全部；第三，最值得庆幸的是，做贼的是他，而不是我。"对任何一个人来说，失盗绝对是不幸的事，而罗斯福却找出了感恩的三条理由。这个故事，启发我们该如何感恩生活。

与迎合所表现出的虚情假意不同的是，感恩是真诚的，是自然的情感流露，不带功利性，不求任何回报。

有些在事业上取得成功的优秀下属，在被问及自己的成功经验时，他们总会归功于个人的才智与努力，丝毫不把上司考虑在内。一个人的成功当然跟个人的努力有着很大的关系，但也缺少不了别人的帮助。其实在你从普通到优秀的过程中，你应该感谢

你的上司。

　　只要静下心来，好好地想一想自己所走过的每一步，就会发现，自己的每次成功都得到过别人的帮助。作为下属，你应该明白自己的工作是上司指点的。没有上司为你提供工作，你就没有发展的机会，因此，上司是有恩于你的。那么，告诉上司你的感激，感谢他给你机会与提拔。这样一来，你的上司也会向你表达他的感激——感谢你的辛勤工作，双方都会因彼此的感恩而更加融洽。

　　感恩是一个人与生俱来的本性，是一个人不可磨灭的良知，也是现代社会成功人士健康性格的表现，一个连感恩都不知道的人，必定是拥有一颗冷酷绝情的心，也绝对不会成为一个对社会作出贡献的人。

　　每天怀有感恩之心说"谢谢"，不仅仅能使自己有积极的想法，也会使别人感到快乐。在你需要帮助时，有人会伸出援助之手；当你悲伤时，有人会抽出时间来安慰你，等等，对这些小事情都应有感恩之心。

　　感恩不仅仅是为了报恩，因为有些恩泽是我们无法回报的，有些恩情更不是等量回报就能一笔还清的。唯有用纯真的心灵去感动、去铭记、去积极行动，才能真正对得起给予我们恩惠的人。

闲聊是社交润滑剂

　　闲聊是社交润滑剂，可以打破僵局，使双方建立某种亲近感。闲聊可能是适当的，也可能是不适当的，这取决于沟通双方的性格。事实上，闲聊是谈话的开始。它会将谈话不知不觉地过渡到真正的谈话中。越精通闲聊的人，越能在谈话开始后占据主动。

下面是几种不同场合下的闲聊需要注意的地方：

★在任何会议或商业聚会开始前或结束后的几分钟内可以进行闲聊。利用闲暇时机听听对方的看法和建议，有利于自己评估及最终调整行为方式，为进行成功的商业会晤做好准备，在会议期间能与他人建立起良好的关系。

★在商业环境以外遇到商界同僚的时候可以闲聊。例如，在鸡尾酒会上，或在某些娱乐场所。若想充分利用这次社交偶遇，你应对业务只字不提。不要在社交和商业聚会上谈业务，那样有悖商业礼节。建立了联系以后，为以后在更恰当的时间和氛围内进行实质性的商务谈判打好了基础。

★在进行访问前的阶段，可以穿插一点闲聊，但不要时间过长。主要话题是受访人较关注的问题，比如有关受访人兴趣、球赛、投资等内容，这样轻松的聊天可以使谈话的双方有几分钟的时间互相适应，同时也适应环境，可以创造一种相互信任的气氛，为切入正题做好准备。适当闲聊对沟通关系有很大帮助，而且能帮助自己了解对方本身及其背景。季节、气候、旅游、热门话题、流行趋势是对对方不了解的情况下比较实用的话题。

★在商务交友会或客户的办公室里，要进行恰当的闲聊，就必须敏锐、善于观察，可设法借助办公室的装饰品来引起话题。此外，看看你能否在对方身上发现什么可以用来引起闲聊的物件，诸如胸针等。如果你注意到这些物品，并在闲聊中提及它们，那

就表现出你想对其有更深入的了解。这有助于你引起对方的注意，建立联系。

★即使不是在严肃的商业环境中，闲聊的艺术仍然是重要、有益的。你在派对、体育赛事或在你孩子的活动项目中遇到的人，也可能会对你的职业生涯发挥至关重要的作用。

与人闲聊可增进相互了解、加深认识、促进发展、巩固和升华友谊。人们从相互陌生开始，闲谈中，通过视听等感觉器官去感触彼此的语言、气质、习惯、动作等达到初步了解，由此才能再进一步获知各自的身份、地位、工作、人品、性格、爱好等。从而扩大社交生活，开阔眼界，了解社会动态，对他人达到较全面的认识，并可能发展成知己朋友。

经常与他人闲聊，可以消除他人的戒备心理，使对方感到你平易近人，能较好地进行沟通。闲聊时应尽量放松面部的肌肉，表情和蔼，有时不妨来点幽默，切忌拿架子。

闲聊时，要尽量避免与对方进行私人话题的讨论，避免与对方建立过密的个人关系，以免最终丧失了独立性。另外，在任何场合下闲聊时，不要事事非问明白，问话适可而止，这样他人才会乐意与你闲聊。

多交朋友扩大自己的交际圈

人是生活在各种人际关系中的，与他人交往，是人的一种心理需要。一个人的社交圈越大，成功的可能性就越大。

我们总是希望有人与我们进行交流，从而摆脱孤独与寂寞；希望参与具体活动，希望加入某一群体，并为之所接纳，从而获得归属感。这样，快乐时有人与你分享，痛苦时有人为你分担，迷惘时有人给你指点，困难时有人给你援助，忧伤时有人来安慰你，气馁时有人来鼓励你。通过交往，我们能够寻求心灵的沟通，能够寻找感情的寄托。而要想更好地立足于社会，就要尽可能多交几个朋友，来拓展自己的人际关系。只有朋友多了，视野才更开阔，生活才更充实，自己的朋友才会越来越多。

　　英年早逝的著名诗人徐志摩，就很善于利用血缘关系来寻找自己的师友做朋友。

　　徐志摩7岁的时候，就已经非常聪明，且对语言及文学表现出浓厚的兴趣，但直到15岁，他还觉得自己在这方面的学习长进不大，迫切需要一位精于此道的老师来指点。他听说梁启超是良师，但梁启超是大名鼎鼎的人物，想拜他为师可不容易。于是，他就前往表舅家请表舅从中为其引见，因为徐志摩的表舅与梁启超相交颇深。

　　在与表舅的一席交谈中，徐志摩充分表达了自己的迫切愿望，他那对长辈的谦恭之情，深深打动了表舅，使表舅觉得此子是可造之材，于是，他亲自带徐志摩去梁启超家，让其拜在梁启超的门下。从此，在老师的辅导加上自身的努力下，徐志摩在诗歌上的造诣突飞猛进。最后，终于成为一名大诗人。

　　结交朋友的方式和途径其实有很多，关键在于你如何去把握和利用。

　　★那些以前跟你共事的人，都可以成为你结交的朋友。比如

和你一起开过会的朋友，你的同事以及在公司里曾经接待过的客人，甚至还有离开你们公司的旧同事，他们都有可能成为你的朋友。

★自己的亲戚，比如长辈、兄弟，他们的工作内容可能和你毫不相关，但是他们都交有一些朋友，这样一来，长辈和兄弟也可以作为你广结人缘的对象，积极地同他们交往，再通过新朋友认识更多的朋友。

★积极参加各种方式的社交活动，比如聚会、跳舞、网上论坛、俱乐部、夏令营等，可以认识自己圈子以外的朋友。要善于寻找彼此的接触点，比如工作上相通一致的地方、共同的爱好追求、性格上的一致、观点上的相近等。更细致一点的如衣服品牌相同、知道了同一见闻、认识同一熟人等，都可作为交际的接触点。有了接触点，便会形成有一定内涵的合适的交往关系。

★想结交更多的朋友，经营好自身是有必要的。要勤于学习，把自己锻炼成一个能给别人带来快乐的人，对别人有帮助的人。有时候交际圈不在于你认识了多少人，而在于多少人成了你的朋友或你成了多少人的朋友。

总而言之，要扩大你的交友圈，就要随时随地结交新的朋友，这样你的友谊之树才能根深叶茂。

保持良好的网络沟通

网络沟通超越了传统的沟通方式，使人与人之间的交流更加充分、更加自由。把握好网络沟通，会给人们带来更加美好的沟通体验。

随着网络科技的发展，网络对于人类的生活方式和沟通行为的影响越来越大，网络日益普及，上网的人数愈来愈多，日常生活中诸多事务也愈益依赖网络。

QQ、MSN的出现，让人与人之间的心理距离彻底拉近，无论你们相隔多远，都像近在咫尺，真正实现了"四海之内皆兄弟"。在日常生活中人们的交流都比较慎重，不会轻易地暴露自己的思想。而在网络上则不然，网上聊天可以直达对方的内心，是心与心的交流。在网络上聊天，你完全能够放肆地张扬个性，任意地展现自我。网络里的我们个性鲜明，神采飞扬，喜怒哀乐，酣畅淋漓，无拘无束。从某种意义上说，这让我们从现实的无尽压力和束缚中解脱出来，展示出了我们自己"真"的一面。我们在网络里能找到自己的知己，不管相隔多远，网络聊天都能让我们感受到彼此的真心。

有了电子邮件，朋友之间可以随时通信来表达彼此间的问候，没有了等待，没有了手写信费尽周折的投递麻烦。更为诱人的是，这些电子邮件不仅可以是文字，而且可以以图像、声音的形式来传递。这是任何传统的方式也无法相比的。正是由于电子邮件的

使用简易、投递迅速、收费低廉，易于保存、全球畅通无阻，使得电子邮件被广泛地应用，更让我们和朋友之间有了一个随时沟通的工具。每当逢年过节的时候，你可能抽不出时间去亲自看望朋友，但是你可以用邮件发一个你亲自制作的电子贺卡。当朋友过生日的时候，你同样可以这样做，或者你也可以录制一段祝福的视频，用邮件发过去。相信，即使你不亲自到场，你的朋友也能感受到你那浓浓的情意。

为了高效地进行网络沟通，掌握一定的网络沟通原则是有必要的。

1. 尊重

尊重别人，尊重他人的隐私，不要随意公开私人邮件、聊天纪录和视频等内容。只有给予对方尊重才有沟通，若对方不尊重你，你也要适当地请求对方的尊重，否则很难沟通。

2. 注意称呼，避免冒昧

当与不熟悉的人通信时，应使用恰当的语气、适当的称呼和敬语。

3. 讲出来

坦白地讲出你内心的感受、感情、痛苦、想法和期望，但不是批评、责备、抱怨、攻击。

4. 和生活中一样沟通

在网络中，是在和人交流，即使是陌生人。因此，在现实生活中如何沟通，网络上也该如此。

5. 注意邮件正文拼写和语法的正确

避免使用不规范的语言和表情符号，应使主题简单明了，以准确传达你的电子邮件的要点。

6. 情绪中不要沟通，尤其是不能够做决定

情绪中的沟通常常无好话，既理不清，也讲不明；尤其在情绪中，很容易冲动而失去理性。

7. 自信、自律

不要刻意放低自己，但是如果对某个方面不熟悉，不要冒充专家。任何消息发送前，要仔细检查语法和用词，不要故意挑衅和使用脏话。

8. 不要随意转发电子邮件

尤其是不要随意转发带附件的电子邮件，除非你认为此邮件对于别人的确有价值。在电脑病毒泛滥的今天，除非附件是必需的，否则应该避免 Word、PPT 附件。多使用 PDF 文件，在正文中应当包含附件的简要介绍。邮件要使用纯文本或易于阅读的字体，不要使用花哨的装饰，最好不要使用带广告的电子邮箱。

沟通中应注意察言观色

在沟通中应注意察言观色，要在合适的场合，用适当的方式来表达自己的观点。

在日常生活中，这样的情形经常见到：孩子在学校挨了批评而他确实并没有错，装了一肚子气。他闷闷不乐地回到家里，父亲看到他，也不问发生了什么事，张口就开始教训："瞧你无精打采的样子，像个什么样？我像你这么大的时候……"孩子越听

越烦，觉得脑袋都要爆炸了。于是，连他自己也说不清是为什么，把书包往地上一摔，大喊一声："烦死人了！"父亲认为孩子这样顶撞大人可不行，一巴掌打过去，孩子哭着跑开了。假如父亲善于察言观色，发现孩子表情与以往不同，采用安抚疼爱的方式，细心开导，不仅不会把孩子打跑，致使父子关系恶化，而且还会给予孩子以心灵的抚慰，加深父子的感情。

有位心理学家曾说："在世界的知识中，最需要学习的，就是如何洞察他人。"俗话说："出门观天色，进门看脸色。"可以说，每一个拥有良好人际关系的人，都是善于察言观色、善于察觉别人动作语言并作出有效反应的人。

察言观色，包括对对方的身体语言、手势、表情、眼神、说话的口吻等的细心观察。这些方面可以传递出很多的信息，那些没说出口的潜台词往往与嘴上说的同样重要。既要懂得制造气氛，学会引导话题，又要懂得适时停止并放弃无意义的沟通，再另外找时间和地点进行沟通，才能达到良好的沟通目的。

学会察言观色，就要懂得一些关于暗语的知识。因为暗语作为一种非正规的表达方式，不是所有人都习惯通过它去传达信息的。同样的信息，不同的人表达也不同：有些人对喜怒哀乐从不掩饰，有些人则习惯以不动声色来掩藏自己的情绪，有些人则喜欢反过来表达情感。所以，要判断别人所说的话，是正话还是反话，是暗语还是明语，重要的一点就是了解说话者一贯以来的表述方式与表述习惯，从中去捕捉其语言表达中是否存在暗语。

例如，在面试时，单位和求职者直接见面，形成了一个人际互动的局面，求职者学会如何看懂对方的"脸色"，也是求职过程中不可忽视的一项能力。因为面试官在与求职者交谈过程中，他的脸色、神态和举止也相应地表达了他的想法和意图。

求职者在面试时介绍自身的某个特长，面试官却不时地移开目光，那么他很可能对求职者的介绍并没有特别在意或没有兴趣，求职者应当尽快地跳过，看是否还有值得向他介绍的其他信息。再如，求职者在表述出自己的薪水和待遇等方面的要求后，对方面露难色，或者是态度没有刚才自然，那么说明对方在这个问题上持保留意见。假如低于这个薪水，求职者确实感到不甚满意，可以直接说出来，看对方如何对答。假如这个职位在发展前景上很有潜力，那么求职者在此时就应该巧妙地表示愿意放低一点要求，从而避免仅仅因薪水问题上的分歧而错失一个不错的职位。

当然，想真正解读出对方的心意，有时不能只听他说了哪些话，更要紧地是看他是如何表述这些话的。这点需要我们多"实战"，才能更好地掌握"察言观色"的技能。

对方说话应积极地作出反馈

每一个人都需要被了解、被认同，一个简单的办法就是你要对对方所讲的内容给出积极的反馈，积极的反馈对帮助建立人际交往是很有效的。

海军训练有一个动作叫作"操炮"，就是一个水兵把一个炮弹递给另一个水兵，让他装进炮膛。规定是：将炮弹送过去的水兵要说"好"，接炮弹的水兵也要说"好"，这样才可以把手松开。

送炮弹的水兵说"好"，就是说我准备放手了，接炮弹的水兵说"好"，表示你可以放了。如果没有听到两声"好"字炮弹就上膛了，士兵就一定会受到上司的严厉处罚。因为在操炮时，士兵若保持沉默，炮弹一不小心砸到甲板，就有可能发生弹药爆炸的毁灭性危险。这个"好"字能让人体会什么是积极的反馈。

积极反馈具有不容低估的强化作用。从行为主义心理学角度而言，积极的反馈对良好行为（包括信念）具有强化、巩固和塑造作用。

积极的反馈可以让对方知道你在聚精会神地听，鼓励他打开话匣子，将自己的内心所想如数道出，从而鼓励对方，使对方说得更好。

对方说的不一定是对的，但你要认同他，这样有助于真正实现双向交流。如果你无法恰当地对对方表示认同，就可能很难和对方彼此接纳，会错失很多机会。对对方表示认同，可以让对方知道自己一直在认真地听，并且也听懂了他所说的话，尊重他的观点。

积极反馈具有以下基本要求：

1. 正确的应和用语

"原来是这样！""确实不错。""我同意您的意见。""那您的想法呢？""能说得详细一点吗？""这对您很重要，不是吗？""我想多了解一些事件的细节……"等话来应和，但绝不要用"嗯""哦"等话来表明您的共鸣，这些做法虽然简单，但让他人听起来像是敷衍。

2. 对事不对人

积极的反馈应就事论事，不要涉及别人的面子和人格尊严。带有侮辱别人的话语千万不要说，比如"你是猪脑子啊，没吃过猪肉还没有看过猪走？"之类的言语，否则会加深双方的敌对和对抗情绪，与最初的沟通愿望适得其反。要使用描述性而不是评价性的语言进行反馈，尤其强调要对事不对人，避免把对事的分析处理成对人的褒贬。要做到既要使沟通对象明白自己的意见和态度，又要有助于对方行为的改变。

3. 把握反馈的良机

我们应在获得充分的信息时，再进行反馈。避免在对方情绪激动时反馈自己的意见，尤其当要作一个与对方所寻求的意见不相一致的反馈时。

4. 避免一些无助于澄清事实的话

比如，以异样的语气表达不同意见："难道没有人告诉你……"；陈述个人观点："那是因为……"；与客户争执："您说得不对……"

5. 反馈要表达明确、具体

若有不同意见，要提供实例说明，避免发生正面冲突。以下是给予具体、明确反馈的两个例子：

错误的反馈——"小李，你的工作真是很重要啊！"这种表述方式很空洞，小李也不知道为什么自己的工作就重要了，从而不能真正给对方留下深刻的印象。

正确的反馈——"公司公文和往来信函，是一个公司素质高低的表现，代表着一个公司的水平、精神和文化。小李，你的工

作很重要。"这种对下属的反馈就不是空洞的、干巴巴的说教，而能起到事半功倍的效果。

6. 要求对方进一步阐释观点

特别是要求举例说明时，可以说："能否举个例子来说明一下，究竟是什么让您感到不满意呢？"

7. 避免全盘否定性的评价

避免向沟通对象泼冷水，即使要批评下属，也必须先赞扬下属工作中积极的一面，再针对需要改进的地方提出建设性的建议，以让下属能心悦诚服地接受。

迎合对方的兴趣，实现愉快沟通

每个人都有各自不同的兴趣与爱好，一旦你能找到其兴趣所在，并以此为突破口，那你的话就不愁说不到他的心坎上。

房地产公司流传着这样一则故事，耐人寻味。

某房地产公司一位总裁的公关助理，奉命聘请一位特别著名的园林设计师，为本公司的一个大型园林项目作设计顾问。但这位园林设计师已退休在家多年，且此人性情清高孤傲，一般人很难请得动他。为了博得老设计师的欢心，公关助理事先做了一番调查，他了解到老设计师平时喜欢作画，便花了几天时间读了几本中国美术方面的书籍。他来到老设计师家中，刚开始，老设计师对他态度很冷淡，但当公关助理发现老设计师的画案上放着一张刚画完的国画，便边欣赏边赞叹道："老先生的这幅丹青，想象新奇，意境宏深，真是好画啊！"一番话使老先生升腾起愉悦感和自豪感。接着，公关助理又说："老先生，您是学清代山水名家石涛的风格吧？"这样，就进一步激发了老设计师的谈话兴趣。果然，他的态度转变了，话也多了起来。接着，公关助理对所谈话题着意挖掘，环环相扣，使两个人的感情越来越近。终于，公关助理说服了老设计师，出任其公司的设计顾问。

初次见面的人，如果能用心了解与利用对方的兴趣、爱好，就能缩短双方的距离，加深对方的好感。对不懂行的人来说，似乎觉得谈论嗜好是非常无聊的，殊不知热爱此道的人，却觉得有无限的乐趣，一旦发现有人对此一概不懂，毫不关心，反而觉得不可理解，十分可怜。兴趣爱好截然不同的人，无异于是在两个世界，要他们在一起闲谈，彼此都会觉得乏味。反之，如果遇到了志趣相投的人，真好比遇见了亲兄弟。

想要得到对方的好感，我们应该设法了解对方的兴趣，然后才能使谈话投机。平时我们与别人谈话，如果发现彼此兴趣相投，不由就会产生几分亲近感，谈话也会变得十分愉快。

据说，有一位酷爱高尔夫球运动的保险公司业务员，碰到了喜欢高尔夫球的客人，就大谈打高尔夫球的话题，很少提及保险方面的事情，结果反而在这些人中签下了许多保单。

无论是在哪种场合下与人交际，总是可以通过很多渠道了解到对方的喜好。对他人喜好之物表示兴趣，可以顺利地达到沟通的目的。

要想迎合对方的兴趣，不适合主动挑起话题，更多的要用暗示，表明是不经意和他人的兴趣爱好相一致，这样才能令他人兴奋。如果主动挑起话题，往往达不到效果。比如说，一个喜欢写诗的人，你要是主动去和他大谈特谈写诗，他可能很厌烦，因为这方面他是专家，你所说的在他看来一句都说不到点子上。如果你无意中表示出兴趣来，让他来谈诗，你们的沟通就会很迅速地达到融洽。不经意地表达出和别人一样的兴趣爱好，会让别人主动趋近自己。

要投其所好，最关键的一点是了解到他人的兴趣爱好，当然自己也得在这个爱好上有所准备，在沟通时自然会水到渠成。

接受说话者的观点，促进和谐交流

沟通中，如果只愿意给别人灌输自己的观点而不愿意听取别人的意见，那么会阻碍沟通的进行。

在人与人相处的过程中，有的人常会抱怨、批评对方难以沟通，认为别人无法理解自己的想法，因而产生诸多争执。这是因为对沟通的真实意义有认知上的错误，他们认为沟通就是要让别人接受自己所希望、所预期的一切结果，但他们往往却忘了要体察别人的需求和想法。

人与人相处时，如果彼此意见相左，应该先放下自己的看法、意见，以接纳的心去倾听对方真正的想法与需要，再看自己的想法与对方想法和需要之间的差异。然后，依据对方的经验，以其能理解及接受的语言模式来表达自己的看法让对方明白。须知，沟通对象的认知取决于其教育背景、生活环境、过去的经历以及他的情绪等因素。如果你没有意识到这些问题，以对方无法理解的语句来表达意见，只会让对方思路杂乱，那样的沟通将会是没有结果、没有成效的。

如果我们无法接受说话者的观点，那我们可能会错过很多机会，而且无法和对方建立融洽的关系。就算是说话的人对事情的看法与感受，甚至所得到的结论都和我们不同，他们还是可以坚持自己的看法、结论和感受。

尊重说话者的观点，可以让对方知道我们一直在听，而且我们也听懂了他所说的话，虽然我们不一定同意他的观点，但我们还是很尊重他的想法。若是我们一直无法接受对方的观点，就很难和对方彼此接纳，或建立融洽的关系。除此之外，尊重说话者的观点，也能够帮助说话者建立自信，使他能够接受别人不同的意见。

要做到接受别人的观点，首先自己要有很高的修养，有大度的胸怀，能容忍他人，能宽容他人，能求同存异，少计较个人得失，多考虑大局利益。

每个人都有自己的立场与价值观，因此，当对方说话时，我们必须站在对方的立场，仔细地倾听对方所说的每一句话，即使不认同也要包容，不要用自己的价值观去指责或评判对方的想法。我们要包容那些意见跟我们不同的人，要试着去接受别人的观点，这样才能与对方保持良好的沟通。

第三章

尊重对方是沟通的金钥匙

古语云："尊人者，人尊之。"在人际关系复杂化的今天，尊重他人在人际交往中非常重要。只有尊重对方，才能得到对方的尊重，对方才愿意打开沟通之门，愿意与我们坦诚沟通。尊重对方，才是打开与对方沟通之门的金钥匙。

以对方为中心，能有效地促进沟通

与人沟通时，应以对方为中心，而不是以自己为中心。

"交往以对方为中心"，是现代沟通的第一法则，也叫"里尔法则"，由法国社会心理学家里尔最早提出的。里尔法则的实质，就是要尊重别人，尊重别人就要尊重别人的价值观和选择。里尔法则指导我们，说话做事都不要忘记考虑对方的感受，这一点同样体现在沟通的方方面面。

也就是说，在交谈中，我们应遵循双向共感规则。这一规则具有两层含义：一是，它要求人们在交谈中，要注意双向交流，并且在可能的前提下，要尽量使交谈围绕交谈对象进行，无论如何都不要妄自尊大，忽略对方的存在；二是，它要求在交谈中谈论的中心内容，应使彼此各方皆感兴趣，并能够愉快地接受，积极地参与，不能只顾自己，而不考虑对方的反应。第一点强调的是交谈的双向问题，第二点强调的则是交谈的共感问题。说到底，就是要以对方为中心。

每个人在和他人交谈时都会有一种自我表现的欲望，希望较早较多地把自己的想法或者自己了解的事实告诉对方。所以，很多人会习惯地把自己的思想、经历和感受作为谈话的主要内容，从而很容易给人留下一个自大、自负的印象，而这种人总是不受欢迎的，交谈以对方为取向就是为了不给对方以自大、自负的感觉。

仅仅一面之交，就想与对方成为亲密朋友的最好方法，就是跟对方交谈。我们都知道，一个人最愿意谈论的，而且也是最关心的话题，莫过于他个人的一切事情。彼此交谈时，如果能使对方谈到让他感到有兴趣的事情时，就表示已经很巧妙地吸引了对方。接着，再以问答的方式诱导对方谈论有关他个人的生活习惯、经验、愿望、兴趣等问题。只要肯花一点时间，让对方畅所欲言地叙述他自己的事情，那么就有可能成为莫逆之交。

例如，在商务交往过程中，务必要记住以对方为中心，放弃自我中心论。请客户吃饭的时候，应该首先征求客户的意见，他爱吃什么，不爱吃什么，不能凭自己的喜好，主观地为客人订餐；如果客户善于表达，可以夸他说话生动形象、很幽默，或者说有理有据，但你不能说："你的嘴真贫，我们都被你吹晕了！"

一个人说话时往往会说"我是这么说的""我是这么想的""我认为""我觉得""我的看法"，等等，大家好像已经习以为常，没有觉得有什么不妥之处，其实这是个误区。要取得交际的成功，就必须达到互动，就应该以对方为中心。

交谈以对方为中心，主要可以从几个方面得到体现：

★在交谈内容的选择上，以对方感兴趣的话题或者对方的思想、经历和感受为主要谈话内容，不应该谈对方不熟悉或者讨厌的话题，多给别人创造表现的机会，尽量少谈自己的思想、经历和感受。

★在语言使用上，尽量避免讲"我"，多讲"你"（在一般情况下"我"字可以省略不讲，在无法省略的地方，可以用"我们"代替"我"，而在用"我们"代替可能会引起误解的时候，则"我"字应讲得又轻又快）。

★在交谈过程中，适当称呼对方的职位称呼或名字，会让对方感觉受到尊重和重视。

让对方产生优越感

当一个人的优越感被触及时，就会不断地想与对方亲近。人际关系也会更加融洽。

每个人多少都有些虚荣心，满足别人虚荣心的最好方法，就是让对方产生优越感。

例如，在学校里，由于后进生长期远离优越感，使他们越发落后。每个人都希望有优越感，后进生也不例外，但客观事实是自卑在后进生心里越积越厚，使他们处在不断地试图全面否定自我的痛苦之中。如果老师能够帮助他们产生一点儿优越感，他们就会勃发出一种扭转后进局面的内力，这是老师转化后进生的一条最省时省力的捷径。人生来就是喜欢肯定表扬的，尤其是后进生，他们更看重别人对自己的评价。如果一味地批评他们，他们就会更加自卑，就会认为自己的存在非常渺小，因而个性越来越内向，到最后就会认为自己是个无用的人。这个时候，老师就要尽量地表扬鼓励后进生，使他们产生适当的优越感，才不至于使他们消沉下去，但同时也一定要注意适度，过度的表扬则会引起他们的不信任感，过分且不切实际的优越感也会导致不好的结果。

人活着总希望得到对方的认可，成功学大师卡耐基说："要学会真诚地关心别人，要学会微笑、倾听，迎合对方的喜好，让对方感到自己重要，让对方表达自己意见，让他们有优越感，万事都站在对方的角度看待问题，当对方觉得好了，自然也会反过来感激给他自信的人，自然你也就能很好地说服对方。"

让对方产生优越感，最有效的方法就是对对方自傲的事情加以赞美。若对方讲究穿着，你可以向他请教如何搭配衣服；若对方是知名公司的员工，你可以表示羡慕他能在这么好的公司上班。对方的优越感被满足，警戒心理就自然会消失，这会拉近彼此的距离，能让对方对你产生好感。

让对方产生优越感，还可以通过故意显露自己笨拙的一面来实现。事实上，每个人都希望能得到别人的肯定。当让对方表现得优越时，他们就会有一种得到肯定的感觉；当对方表现得没有我们优越时，他们就会产生一种自卑感，甚至对我们产生敌视情绪。依据这个原理，有些人就会故意表露出自己某一方面的笨拙和缺憾。在别人面前，有意表现出单纯的一面，以其憨直的形象，激发他人的优越感，吃小亏而占大便宜；而有些人不懂得隐藏自己的锋芒，时时处处表现得干劲十足、能力超强，却不知道自己在无形中已经招来了许多或明或暗的嫉妒和猜忌。

遵循入乡随俗的规矩

入乡随俗，是对对方的尊重，是达成有效沟通的前提。

真正做到尊重交往对象，首先就必须尊重对方所独有的风俗习惯，这也是涉外交往中的重要因素。

东西方的文明各有所长又存在着差异，刚到异国他乡，人生地不熟，会面临诸多的困难和不便，稍有不慎，就可能遭遇尴尬。

许多国家都有很多不成文的规定、规矩、习惯和习俗，如看病、购票、拜访以及理发等公私事宜都需预约、预订，得到应允才可前往，并要做到守时、守信。若不能按时赶赴，要提早电话告知，说明事由，以取得谅解。此外，还有比如庆祝节日、当地民间的民俗文化活动等文化传统，不问别人隐私、与人交谈时直视对方眼睛并注意保持至少一米的距离，以及不闯红灯、自觉的环保意识等生活习惯或行为规范。

这些事情看上去无足轻重、无关大局，但却能让我们更深刻地了解当地民众，熟悉当地的生活，增进中外双方之间的理解和沟通，这些都有助于更好地、恰如其分地向外国友人表达亲善友好之意。

当自己身为东道主时，通常讲究"主随客便"；当自己充当客人时，则又讲究"客随主便"。接待人员必须充分地了解交往对象的风俗习惯，无条件地加以尊重，不可少见多怪、妄加非议。

中西方的文化差异是确实存在的，因此，在与当地人交往的过程中要特别注意入乡随俗，避免产生冲突。如果与当地人产生认识上的差异，应该以尊重文化差异为前提，避免在"无知"的情况下口无遮拦。此外，在生活方式、文化传播、经济观念等许多方面，中西方也存在着明显的差异。走出国门后需要调整好自己的思维方式，才容易与人交往。

不仅在与外国人交往中要做到入乡随俗，在国内也要做到入乡随俗。

重庆有个卖奶茶的小店，经常是几十人排队购买，营业员忙得不亦乐乎。这个店至少一天要卖1000杯奶茶，小杯3元、中杯4元，大杯5元，以平均每杯4元卖价计，就是4000元。除去原材料成本、水电、人工工资、租金等，利润约有 30%，一月纯利润在 4 万元左右，一年利润四五十万元。

这个奶茶店最初是另外一种经营模式，开奶茶餐厅，每个餐厅营业面积约 500 多平方米，先后在两个区开铺。由于生意不太好，老板很着急，想了很多方法来提高营业额，例如发代金券、免费品尝等，但是仍起色不大。

一年后，老板经营奶茶换了一种模式，转而开始在繁华地段开街边奶茶店，小亭子面积在一二十平方米之间，短时间迅速走红。原来重庆人不仅喜欢喝奶茶，还把喝奶茶当成是一种时尚。

据称，开小亭子的利润比开茶餐厅的利润大得多，相比之下，街边模式不仅租金更便宜，人力成本也小，只需要两三个人就可以打理一个店。关键是，重庆人不喜欢坐下来喝奶茶，而总是风风火火地端着奶茶就走，这完全符合重庆人的性格和习惯。

这就是遵照"入乡随俗"而获得成功的一个典型案例。周围的环境不会因个人而改变，只有让自己适应周围的环境，才能获得发展。经商要入乡随俗，沟通也是如此。只有入乡随俗，才能与人顺利地进行沟通交往。

拒绝要温和而坚定地说"不"

学不会拒绝别人，自己会活得很累。

拒绝是一门学问。有时候，我们心里很不愿意，本想拒绝，但是却碍于情面，最终点了头，给自己留下了长久的不愉快。所以，如何拒绝别人至关重要，温和而坚定地说"不"，就能解决问题。把握好了这一点，将有利于提高工作效率和生活质量，从而构建更友好的人际关系。

生活中有人开口让你帮他做一件难度很大的事情，答应的话，可能要连续加几个晚上的班才能完成，拒绝的话，面子上实在过不去。这个时候，就要仔细地倾听别人的请求，并且在认为自己应该拒绝的时候，要温和而坚定地把"不"字说出来。这种拒绝的方法就好比是药丸，外面裹上糖衣的药，就比较让人容易入口。同样地，拒绝的时候，温和一些，委婉一些，要比直接说出来，让人容易接受。

例如，在职场上，当同事的要求不符合公司或部门规定时，就要委婉地表达自己的工作权限，并暗示如果自己帮了这个忙，因为这超出了自己的工作范围，就违反了公司的有关规定。一般来说，同事听你这么说，一定会知难而退，再想其他办法。

又如，在谈话中，有时对方提出的要求或观点与自己相反或相差太远，这就需要拒绝。但说"不"时，不能板起脸来，态度生硬，以免使谈话陷入僵局。如果选择恰当的语言、恰当的方式、恰当的时机，而且留有余地，巧妙地说"不"就会使谈话达到满意的效果。

所以，大胆地说出"不"字，是相当重要却又不太容易的话题。以下是几种如何说"不"的方法：

1. 直接面对法

直接向对方陈述拒绝对方的客观理由，包括自己的状况不允许、某些条件限制等。通常这些状况是对方也能认同的，因此较能理解你的苦衷，自然会自动放弃说服你，并认同你的拒绝。

2. 迂回转折法

善于利用语气的转折，比如先向对方表示同情，或给予赞美，然后再提出理由，加以拒绝。

3. 身体语言法

一般而言，摇头代表否定。在交谈时，突然中断笑容，也同样暗示着无法认同和拒绝。类似的还包括目光游移不定、频频看表、心不在焉等，但切忌伤害到对方的自尊心。

4. 迟迟未答法

交谈中，只是一再地表示"研究研究"或"考虑考虑"，迟迟没有回答，也是一种拒绝别人的方式。

善于询问了解对方的真正想法

询问是最基本的沟通形式，运用得当与否，直接决定着能否了解对方的真正想法。

在沟通中，当对方行为退缩、默不作声或欲言又止的时候，可以用询问的方式，引出对方真正的想法，从而去了解对方的立场以及对方的需求、愿望、意见与感受。

例如，管理者在与下属沟通时，可以以聊天的方式开头，比如"最近工作如何""公司最近比较忙累不累"等。这样的询问，一方面为要说的话铺了路，另一方面还可以营造比较自然的谈话气氛。询问之后，管理者要积极地倾听，同时，也要注意简单地

复述已听到的部分，以确定没有听错下属的意思，这么做是让下属知道你真的在乎他们的谈话，容易让下属对自己产生好感，从而诱导下属发表意见，了解他们在工作中发生的问题、遇到的困难、出现的思想波动等。善于询问的管理者，才能做好团队的沟通工作，把大家团结起来，共同前进。但有些管理者只是不断地说，从来不理睬下属的心情。这样的管理者，无法了解到任何情况，而且下属在面对这种永无止境的说教时，也会觉得兴趣索然。

又比如说，很多业务员在拜访陌生客户时的成功率比预期要低很多，有的时候甚至远远低于正常水平。究其原因，就是没有注意沟通的方式，比如说询问。巧妙的询问，在拜访陌生客户时显得尤其重要。善用询问，就可以在短短几分钟的时间里，快速地了解一个陌生客户的实际需求，甚至包括他们过去经销的相关产品的经验，以及他们现在想找什么样的新牌子或产品等，而这些重要的信息都将有助于业务员制订、修正自己的谈判策略，提高拜访陌生客户的成功率。

善于运用询问的方式，可以根据不同的时间、不同的地点，巧妙地安排。比如问路时，与路人的搭讪；吃饭时，单独与服务员巧妙的交流；进入商铺，留意咨询租铺的问题，倾听与询问业主的买卖情况；进入市场，与小商贩进行搭讪；走进居民区，与老头、老太太们交流等。可以运用换位思考的方式，去了解对方的立场以及对方的需求与感受，从而引导对方发表意见。

在询问对方时，可以运用扩大询问法和限定询问法等。采用扩大询问法时，可以让对方自由地发挥，让对方多说，这样我们就能够知道更多的东西；采用限定询问法时，则让对方始终不要远离会谈的主题，限定对方回答问题的方向。如"肖经理，贵公司的产品需求计划是如何报审的呢？"这就是一个扩大式的询问法；如"肖经理，像我们提交的一些供货计划，是需要通过您的审批后才能在下面的部门去落实吗？"这是一个典型的限定询问法。另外，在询问时，注意千万不能犯"封闭话题"的毛病。采用封闭话题式的询问法，会造成对话的中止，如"肖经理，你们每个月销售的产品大概是六万元，对吧？"

要运用好询问的技巧，有时也要学会"装疯卖傻"，譬如明知道这件事情或现象是应该这样的，却故意装傻，不知道或故意说错，然后听取对方的描述或解释，从而达到与人沟通的目的。

用欣赏的眼光去看待别人

欣赏别人是一种做人的美德，欣赏别人也是在欣赏自己。

1852年秋天，屠格涅夫在斯帕斯科耶打猎时，无意在松林中捡到一本皱巴巴的《现代人》杂志。他随手翻了几页，竟被一篇题名为《童年》的小说所吸引，作者是一个初出茅庐的无名小辈，但屠格涅夫却十分欣赏，钟爱有加。他四处打听作者的住处，最后得知作者两岁丧母，九岁丧父，是由姑母一手抚养照顾长大的，屠格涅夫更是给予了极大的同情和关注。

姑母很快就写信告诉自己的侄儿："你的第一篇小说在这里引起了很大的轰动，大名鼎鼎、写《猎人笔记》的作家屠格涅夫逢人就称赞你。他说：'这位青年人如果能继续写下去，他的前途一定不可限量！'"作者收到姑母的信后，惊喜若狂，他本是因为生活的苦闷而信笔涂鸦打发心中的寂寥，并无当作家的妄念。而著名作家屠格涅夫的欣赏，竟一下子点燃了他心中的火焰，使他找回了自信和人生的价值。于是，他便一发不可收地写了下去，最终成为具有世界声誉的艺术家和思想家，他就是《战争与和平》、《安娜·卡列尼娜》和《复活》的作者列夫·托尔斯泰。

在社会生活中，每一个人都渴望得到别人的欣赏。同样，每一个人也应该学会去欣赏别人。其实，欣赏与被欣赏是一种互动的力量之源，欣赏者必须具备愉悦之心，仁爱之怀，成人之美的善念；被欣赏者也必须有自尊之心，奋进之力，向上之志。

学会用一双欣赏别人的眼光去看待别人，是非常重要的。世界上有各种各样的人，每个人都有不同的个性和气质，更重要的是每个人身上都有值得学习的地方。学会欣赏，既是一种尊重个人差异性的美德，也有助于自身的逐渐完善。

在职场上，管理者要学会欣赏自己的下属而非一味地责怪。当下属被赏识的时候，他就会受到极大的激励，就会更加卖力地工作。

在家庭教育中，家长也需要用欣赏的眼光去看待孩子。每个人都渴望得到别人的尊重和公平对待，一味的挖苦和责怪，只会让孩子产生"破罐子破摔"的消极心理。只有用欣赏的眼光去看待，才能发挥孩子的潜力，他们才能更好地成长。

一位哲人说："学会欣赏每一个人，会让你受益无穷。"欣赏是建立在赞同的基础之上，对别人的成绩、优点以及成功的方法等，发自内心地赞赏一番，不仅会让别人更亲近你，而且当你向别人说出"你真是好样的"时，其实你已在无形中为自己找到了新的努力方向。

世界上根本没有完美无缺的人，每个人都有自己的长处和短处。如果一味地挑剔别人的不足，那么就得不到别人的尊重，更得不到别人的欣赏。

欣赏别人是一种美德，一种豁然大度。要学会欣赏，就要对别人表示一种尊重和宽容。只有这样，才能在别人的身上看到长处和优点，才能从别人的长处和优点当中品味到美。欣赏别人的美，更重要的是欣赏一个人的内在美，内在美是美中的精华。拿别人的美和自己相比，从中感悟出自己的不足与缺陷，才能不断地加强自身的修养，从而提升自己的人生品位。

求人做事要避免用命令的方式

用命令这种霸道、不容置疑的口吻跟别人说话，人际关系一定会很糟糕。

请求别人做事的时候，不能用命令的语气，而要用礼貌的语气。如果一味地"发号施令"，只会把事情弄得更糟。

例如，一位客房服务员如果用命令的语气对客人说："喂！不准开那扇窗！""你不能走进我们的工作间！"这样的话语肯定会使客人反感。如果一个懂礼貌的人，上面的话就会换成商量的语气加以表达："先生，那扇窗坏了，一时未能修理好，请您不要打开它好吗？""我们工作正忙，您来工作间，弄脏您的衣服就不好了。"这样彬彬有礼的语气，客人则会乐意接受。

一位心理学家以他多年的管理经验告诫管理者："对下属不能用命令的方式，而要用询问的方式。"喜欢下命令的管理者似乎很少考虑这个问题，管理者理所当然地认为下属一定能够做好他们所要求的事情。但实际上，命令一个人去做事情是很容易的，但对方是否愿意做好这件事情却是不确定的。作为管理者，最好能够采取询问的方式对待下属，这样既可以了解下属内心的真实想法，又可以让下属感觉更舒服一些。

身在职场中的人都能够深刻地体会到：任何沟通都是双方之间的一种交流和联络，包括情感、态度、思想和观念的交流。沟通的目的并不在于说服对方，而在于寻找双方都能够接受的方法。因此，沟通的方式往往比沟通的内容更为重要。这就要求在沟通的过程中，一定要先引起对方的关注，取得对方的信任。在这个过程中，一定要注意避免使用命令式的语气，也尽量避免"我"，而要用"我们"来取代。这样会让下属觉得彼此是一体的，会为达成共识而努力。

同样，这样的说话方式也适用于家庭教育中。父母在教育孩子的时候，不要用命令的语气，避免用"我命令你……""我警告你……""你最好赶快……""你真傻""你太让我失望了"等带有指挥、命令、警告、责备、拒绝等负面意义的语气说话。如果需要孩子去做某件事情，可以用商量的语气跟他交谈，交谈的时候，要让他明白，你是尊重他的，他跟你之间是平等的关系。

例如，想要孩子把地上乱丢的玩具收拾整理一下，可以这样说："乱丢玩具，这是个不好的习惯，你跟妈妈一起把玩具收拾一下好吗？"千万不要用命令的语气："你怎么搞的，乱丢玩具，快点去收拾好！"孩子听了你的责备，心里就会产生反感，即使按你的要求去做了，也是极其不情愿的。

父母学着用商量的语气来跟孩子说话，既可以增加相互的理解，也可以避免一些无谓的争吵，而且更重要的是，它可以教会孩子在社会上怎样为人处事，怎样与人共事。

随着孩子年龄的增长，孩子在喜好、兴趣、交友等方面的看法都会与父母产生分歧。这个时候，就要求父母对孩子所做的事情，不能简简单单地禁止，而应该在充分尊重孩子的前提下与其商量，以求得共识或找出正确解决问题的途径。

不管孩子做了什么事情，最好用商量的口气，而不要用命令的口气。比如，提醒孩子做作业时，可以说："你现在是不是该做作业了，做完作业就可以看会儿电视。"而不要说："赶紧去做作业！"或"还不去做作业呀？"请孩子帮忙做一件事情时，比如洗菜，可以说："你能帮我把菜洗一下吗？"而不要说："快来帮我洗菜！"或"赶紧把菜洗了！"

用商量的语气和孩子讲话，孩子会认为你尊重他，关心他的感受，会对你产生好感和信任，从而促进亲子间的沟通。

寻求共同点，拉近彼此距离

寻求共同点，是与人交流思想、沟通感情、消除隔阂、亲近他人的说话技巧。

从某种意义上说，沟通的技巧就是寻找共同点的艺术，共同点包括共同的利益、共同的认识、共同的兴趣、共同的心情、共同的感受等。共同点寻找得越多，双方的沟通就越充分，效果也就越好。

例如，你是企业的一位领导者，在与员工沟通时，就要让员工感觉到与你有共同点。在一个企业中，要使每一个员工能够在同一个目标下，协调一致地努力工作，就绝对离不开有效的沟通。总体来说，有效沟通的关键是寻找和建立共同点，以便发展一种认同感。领导者寻求共同点，等于是接受了对方，认同了对方，于是对方也就情不自禁地接受了领导者，认同了领导者。

再例如，学校的校长在与教职工的交往中要注意不能"话不投机半句多"，要运用类比、对照的方法，努力寻求与教职工的共同点。与教职工的共同点越多，越易于形成良好的人际关系。

任何有效的沟通都要建立在一个双方共同认可的平台之上，也就是要有一个共同点，只有基于此的交流和沟通，才能引起沟通双方思想和感情的共鸣，达成双方的共识。

例如，当与客户进行沟通时，首先，要对彼此之间的共同点有总体的把握，不要畏惧困难；其次，要相信与客户没有不可调和的矛盾，都是同一目标下的不同认识，一切都是可以沟通的；再次，要设法找到沟通事宜与共同点存在的联系，使对方认同并在此基础上求同存异；最后，要以共同点为平台，引导客户兼顾长期利益与眼前利益的关系，做好两者之间的统一和协调。

对于绝大部分人来说，共同点会产生安全感和亲近感，这是因为人们具有认同的心理趋向。和初次见面的人，如果能借着闲谈的机会，找出共同点的关系，就会尽快消除不安全感，双方的警戒心也会随即逐步消除。这种强调双方共同之处的说话诀窍，能在谈话中立竿见影，取得不错的成效。

建立信任关系，铺平沟通道路

信任是一种默契，是一种力量，是进行有效沟通的一个基本前提。

从前，济阳有个商人过河时船沉了，他抓住一棵大树大声呼救，有个渔夫闻声而至。商人急忙喊："我是济阳最大的富翁，你若能救我，给你 100 两金子。"待被救上岸后，商人却翻脸不认账了。他只给了渔夫 10 两金子。渔夫责怪他不守信，出尔反尔。富翁说："你一个打渔的，一生都挣不了几个钱，突然得 10 两金子还不满足吗？"渔夫只得快快而去。

不料，后来那富翁又一次在原地翻船了。有人想去救他，那个曾被他骗过的渔夫刚好路过，说起了那次商人说话不算数的事情，于是没有人愿意去救商人了，商人最后被淹死了。

商人两次翻船而遇上同一个渔夫是偶然的，但商人的下场却是在意料之中的。因为一个人若不守信，便会失去别人对他的信任。所以，一旦他处于困境，便没有人再愿意出手相救。失信于人者一旦遭难，就只能坐以待毙。

信任，是对对方的一种尊重，是相互的。

例如，在工作中，领导和下属彼此之间建立相互信任的关系，

这样才能共同完成工作任务。领导应该给予下属充分的信任，不过分干预下属职责范围的工作，为下属创造良好的工作环境；下属也要将公司的目标和利益放在第一位，尽量为企业创造价值，重大决策与领导协商，以争取领导的理解和支持。领导只有充分地信任下属，才能换来下属对领导的信任。"用人不疑，疑人不用"就是讲的这个道理。

又比如说，朋友之间的友谊也贵在信任。一个值得交的朋友，是需要一辈子长久经营的。在长久的相处中，彼此之间的信任是最重要的依靠，当两个人不能互相信赖，产生了猜忌和怀疑，友谊就很难长久了。

那么，怎样才能获得对方的信任呢？

1. 要说话算数

秦末有个叫季布的人，一向说话算数，信誉非常高，许多人都同他建立起了深厚的友情。当时甚至流传着这样的谚语："得黄金百斤，不如得季布一诺。"（这就是成语"一诺千金"的由来）后来，季布得罪了汉高祖刘邦，被悬赏捉拿。结果他旧日的朋友不仅不被重金所惑，而且冒着灭九族的危险来保护他，使他免遭祸殃。

可见，一个人诚实有信，自然会得到多助。反过来说，如果贪图一时的安逸或小便宜，而失信了别人，表面上是得到了"实惠"，实际上却为了这点实惠毁了自己的声誉，而声誉相比于物质要重要得多。所以，失信于别人，是得不偿失的。

2. 靠自己的能力

取得别人的信任，还要靠自己的能力。如果具备值得别人肯定的素质，同样会得到别人的喜欢。就像 NBA 球员一样，如果能发挥稳定并且有好的表现，你会得到队友、教练等人的信任。所以，能力是占第一位的，无论做什么事情，具有很强的能力，总会赢得尊重，获得别人的肯定与信任。

3. 改变姿势

当你和别人交流的时候，不管对方是谁，如果你看到对方身体采取了一种姿势，你可以不动声色地换成和他一样的姿势。当他改变的时候你也跟着改变，这其实很难被人觉察到，但是会建立起一种彼此间的信任感，加强他对你的好感，使沟通更容易。因为人的想法往往随着身体姿势的改变而发生改变，即使自己没有意识到。

此外，对于第一次见面的人，语速一定要慢一些，更容易获得好感；对待傲慢的人，态度也应该适当地强硬（不卑不亢），才能真正获得对方的尊重；要坦诚地去面对身边的人，当你对别人以诚相待时，别人也会以同样的方式对待你。

尊重他人，也是对自己的尊重

尊重别人，是塑造和提高自身形象的一个重要途径。

与人相识、相交，最重要的一条是要学会尊重，有道是"人敬我一尺，我敬人一丈"。只有尊重别人，才会得到别人的尊重。尊重别人是一种素质，是一种修养，是一种智慧，是一种胸怀，它体现理解、信任、团结、平等。学会尊重别人可以给人以自信，给人以力量，给人以温暖。

例如，著名播音员李瑞英的高考面试前的故事就是一个很好的典范。

1979年的夏天，应届高考前，北京广播学院提前面试招生，初试那天，李瑞英找了篇短文临时抱佛脚，在校门口，她遇见一位白发老人，从穿着上看此人可能是个看门的。李瑞英心想，即使是个看门的，耳濡目染也差不到哪去，何不请他帮忙听一听发音。老人家见李瑞英又礼貌又诚恳，不但没有拒绝，居然还帮助她纠正了几处发音。末了，老人家笑着对她说："还不错，十有八九能考上，但还需努把力。"

万万没想到，一进考场，主考官的位置上赫然坐着被李瑞英误认为是"看门老头"的那位长者。后来才知道，他就是播音界的权威人士张颂教授。本来没有任何负担的李瑞英轻松回答，沉着应对，结果，她竟以优异的成绩叩开了高等播音学府的大门。

尊重他人，既是对别人的尊重，也是对自己的尊重。例如，在现代企业大力倡导"以人为本"的企业文化的背景下，尊重员工就成为企业领导者必备的一项基本素质。企业领导者无论是在上司还是在下属面前，都要保持谦逊和礼貌的态度。而把自己的位了看得很重，对下属颐指气使、呼来唤去的人只能引起下属的反感和厌恶。你想让下属怎样对待你，你就要怎样对待下属，要想赢得下属的尊重，就应该首先尊重下属。著名的马斯洛需要层次理论中，也将尊重和被尊重看作是人的一种高层次需求，所以领导者要将尊重员工看作是提升自身形象，满足员工需求，提升企业整体凝聚力和竞争力的重要途径。多用一些敬语不仅不会给你带来伤害，反而会提升你的亲和力和人格魅力，如"小张，请你来我办公室一下"和"小张，过来一趟"，多一个"请"字感觉会大不相同。

尊重别人是中华民族的传统美德。尊重别人不是同情、怜悯，更不是赏赐，帮助别人等于帮助自己，尊重别人也等于尊重自己。尊重不是单向的，而是相互的。夫妻在朝夕相处中学会尊重对方，才能使爱天长地久；同事之间在工作生活中学会尊重对方，才能使友谊之树长青；邻里间在相互谅解中学会尊重对方，才能和睦相处；上级长辈在批评中学会尊重对方，才能使其认识错误，不断成长进步；在商场激烈的角逐中尊重对方，才能为自己赢得信誉和商机。

付出真诚也会收获真诚

真诚地帮助别人。真诚地对待别人，最终会赢得别人真诚的友谊和信任。

真诚，是一个人外在行为和内在道德的有机统一体，是评价一个人精神境界的标尺。孟子曰："诚者，天之遵也。思诚，人之道也。"意思是说，真诚是上天的原则，追求真诚是做人的原则。用真诚的态度、真心的话语去感染别人、激励别人，使你的想法融入到他人的思想行为之中，这样的沟通是深层次的沟通，这才是真正的沟通。

真诚是做人的基本要求。只有真诚，才能让人相信你，对你产生好感，与你做朋友，获得友谊。

真诚是一个人得以保持的最高尚的东西。很多名人都是因为秉承"坦诚第一，以诚待人"的原则，才取得好的名声与成就的。

在商界以坦诚和守信著称的李嘉诚说："以诚待人是我生活上坚守不移的原则。"正是李嘉诚那广为传颂的诚信美德，使得众多出类拔萃之才纷纷因他而来、由他而聚，心悦诚服地为李家商业王国奉献自己的聪明才智。

袁天凡才华出众，这一点在香港金融界人人皆知。李嘉诚想邀请袁天凡加盟自己的"长实"，在这件事上，李嘉诚经历了"峰回路转"到"柳暗花明"的曲折过程。虽然两个人交情很深，但袁天凡却多次谢绝了李嘉诚的好意。李嘉诚并没有因此而放弃，仍然一如既往地支持袁天凡。例如，在荣智健联手李嘉诚等香港富豪收购恒昌行时，李嘉诚游说袁天凡出任恒昌行行政总裁一职；袁天凡与他人合伙创办天丰投资公司，李嘉诚主动认购了天丰公司9.6%的股份。李嘉诚多年来的真诚相待，终于打动了孤傲不羁而才华出众的袁天凡，他应邀出任盈科亚洲拓展公司副总经理。在袁天凡的鼎力协助下，李氏家族的事业又迈上了一个新的台阶。

一个缺乏真诚的人，他的人格形象仿佛总是戴着一副假面具，心与心之间横亘着沙漠；而真诚则犹如心与心之间架起的一座桥梁，使人与人之间获得共鸣和理解。真诚并不仅仅是指通常意义上的不欺瞒，而是包含着十分丰富的内容。

讲真话，是真诚的一个首要条件，发自内心的真诚才十分有效，别人才会为你的诚恳所感动；要坦诚率直地展现自己，而不能以一种不真实的形象来自欺欺人；守信用的人，他的自我是坚定的、稳固的、纯真的，体现了一种理想的道德和意志力量，因

此也必然会受到人们的钦佩；真诚更需要坚持不懈，一两次的真诚待人，未必能够引起别人注意，只有靠平时渐进的积累和努力，才能让周围的人了解你、尊重你，以真诚对待你。

总之，要想真正做到真诚，就必须以平等、理解、高尚作为路基，以此来导引真诚的人格情操。真诚是一个古老而又崭新的题目，它不仅可以净化人的灵魂，而且也会激发人向上的力量，从而充分地发挥和表现人的价值。

学会体谅他人

学会体谅他人并不困难，只要你愿意认真地站在对方的角度和立场想问题。

一位哲学家曾说过这样一句话："体谅好比是一种心理解脱，体谅别人的同时，也会使自己得到解脱。"人的一生中，有许许多多无可奈何、身不由己的事情，就好比一碗满满的水一样，稍不留神就会溢出来，所以，有些事情难免会影响自己的情绪。人同此心，心同此理。得罪一个人容易，结识一个人有时比登天还难，在这样的情况下，你必须要懂得控制自己，用一颗宽大的胸怀去体谅别人。

所谓"体谅"是指设身处地为别人着想，并且体会对方的感受与需要。在经营人的事业过程中，当我们想对他人表示体谅与关心时，我们就要设身处地为对方着想。由于你的了解与尊重，对方也相对体谅你的立场与好意，因而会做出积极而合适的回应。

　　举个例子来说，妻子正在厨房炒菜，丈夫在她旁边一直唠叨不停："慢些，火太大了，赶快把鱼翻过来，快铲起来，油放太多了！把豆腐整平一下，锅歪了！"

　　"请你住口！"妻子脱口而出，"我懂得怎样炒菜！"

　　"你当然懂。"丈夫平静地答道，"我只是要让你知道，我在开车时，你在旁边喋喋不休，我的感觉如何。"

　　体谅别人是一种美德，体谅是实现幸福的首要途径，体谅作为发自内心的理解，实际上是自我心理的解脱和排遣。换个角度来讲，你体谅了别人，就等于释放了自己，改善了自己的心境。当与别人发生矛盾时，甚至别人对自己有所伤害时，我们应该心胸豁达，体谅别人，不可莽撞，乱发脾气。

　　体谅是一种最有效的心理良药，能使人摆脱不良心境的困惑。所以，当工作中遇到不顺心的事，在还没有了解事情原委之前，要好好想一想。为了不使自己陷入烦恼中，或是给他人带来不悦，不妨先为自己或是对方试想一下，为对方找个能得到自己体谅的理由。生活也是一样的，找几个可以让自己平稳心情的理由先说服自己，你心情好了，做事也就顺其自然了，做起来也轻松，不觉得吃力。

　　从心理上讲，幸福和快乐关键在于自己，其实幸福与快乐就在自己的心中，在于自己对人对事的态度。体谅作为一种内心的愉悦体验，是获得幸福快乐的最低成本途径。

第四章

晓之以理的沟通才能说服别人

在与人沟通时，需要说服别人是常见的情形。想要顺利地说服别人，先要消除对方的抵触心理，进而再晓之以理，动之以情，一般情况下，就能达到说服的目的。此外，还需要适时地运用幽默、同感等技巧，才能更有效地达到说服的目的。

巧用弦外之音，让对方心有所悟

利用弦外之音的方式说话，对方是乐于接受的。因为这种方式在不动声色之间，便会令对方明白其中的含义。

在深圳一个五星级宾馆里，一位客人吃完最后一道茶点后，顺手就将一个精美的景泰蓝食筷悄悄插入自己的西装内衣口袋中。这一举动正好让一位服务小姐看到了，小姐不动声色地迎上前去，双手擎着一只装有一双景泰蓝食筷的缎面小匣子，说："我发现先生在用餐时，很喜欢景泰蓝食筷。非常感谢您对这种精细工艺品的赏识。为了表达我们的感激之情，经主管批准，我代表本店将这双图案最为精美并经严格消毒处理的景泰蓝食筷送给您，并按照酒店的优惠价格记在您的账簿上，您看如何？"

那位客人立刻就明白了小姐话中的弦外之音，在表示了谢意之后，说自己多喝了几杯白兰地，头有些发晕，才误将食筷插入内衣袋内，并且聪明地借此下台阶说："既然这种食筷不经消毒是不能使用的，我就'以旧换新'吧！"说着取出内衣里的食筷恭敬地放回餐桌，接过服务小姐给他的小匣子，不失风度地向付账处走去。

这件事情告诉我们：在别人犯错的时候，要巧妙地用"弦外之音"暗示，对别人的错误，点到为止就可以了。人难免会因一时的糊涂而犯错误，这就需要批评者在批评时把握分寸：既要指出对方的错误，又要给对方留面子。如果不是为了某种特殊需要，一般应尽量避免触及对方所避讳的敏感区，避免让对方当众出丑。

在职场中，面对一件事情，老板故意推迟不办的时候，员工就要善于从老板的话里，领悟出其中的一些不能说的原因。虽然没有清楚地说明，但他的意思已经含蓄地有所表示了。这是一种潜规则，如果你不能明白其中真意，你的职业生涯就会出现很多问题。

小王刚进公司做人事主管时，除了工资，就没享受过其他待遇。

一次偶然的机会她得知计划部主管小赵的手机费竟实报实销，这让她很不服气。于是她借汇报工作之机向老板提出申请，老板听了很惊讶，说后勤人员不是都没有通信费吗？"可是小赵就有呀！她的费用实报实销，据说还不低呢。"老板听了沉吟道："是吗？我了解一下再说。"

这一了解就是两个月，按说上司不回复也就算了，见老板没动静，她不依不饶，又找到老板，老板听后许久答道："这需要时间调查，是否真像你说的那样，我也不能确定。"之后，小王找到同事抱怨，却被人家一语道破天机："你知道小赵的手机费是怎么回事？那是老板'异性朋友'的电话，只不过借了小赵的名字，免得老板娘查问。"

小王吓出一身冷汗，暗暗自责没有领会老板说话的"弦外之音"，从此再也不敢提手机费的事了。

正话反说，让对方自己领悟

正话反说，要比直接说正话的效果好得多，而且还能给对方留些面子。

有些人非常不讲道理，对于这种人，是不是就没有办法说服他们了呢？答案当然是否定的。只要能把握分寸，摸清底细，思路再开阔一点儿，头脑再灵活一点儿，说话时语气再柔和一点儿，就一定能把这种人扳回头。正话反说就是一种有效的办法。

春秋时期，齐国的景公很喜欢打猎，并让人养了很多老鹰和猎犬。

一天，负责养老鹰的人，不小心让老鹰跑了一只。齐景公大怒，要下令斩杀这个人。这时，大臣晏子闻讯赶到，他看到齐景公正在气头上，怒不可遏，便请求齐景公允许他在众人面前尽数此人的罪状，好让他死个明白，以服众人之心。齐景公答应了。

于是，晏子就当着齐景公的面，一边指着这个人，一边扳着手指大声地斥责道："你为大王养鸟，却让鸟飞了，这是你第一大罪状；你使大王为了几只鸟儿而杀人，这是你第二大罪状；杀了你，让天下诸侯听了这件事，责备大王重鸟轻人，这是第三条罪状。以此三罪，你是死有余辜。三条大罪，不杀不行！大王，我说完了，请杀死他吧！"

齐景公听着听着，听出了其中的意思，转怒为愧，停了半晌，才慢吞吞地说："不要杀了，先生的话我领会了，放了他吧。"

晏子实际说的是反话，表面上似乎斥责养鸟人的罪状，实际上是在批评齐景公"重鸟轻人"，毫无仁慈之心。这种反语诡辩的运用，既照顾了景公的面子，又把是非说得很清楚，从而使景公承认了自己的错误。

巧妙地运用反语，不仅可以救人，还可以讽谏，劝导别人，表达自己的正确主张。

秦朝宫廷里有个乐使名叫优旃，他滑稽、多谋，常用幽默讽刺的语言批评朝政。

秦始皇死后，胡亥继位。他一上台便打算把整个咸阳的城墙油漆一新，这实在是一件劳民伤财的事。

有一天，优旃乘机问："听说皇上准备油漆城墙，有这件事吗？"

"有。"胡亥说。

"好得很！"优旃说，"即使皇上不说，我也要请求这样做了。漆城墙虽然辛苦了百姓而且要多派税捐，但城墙漆得油光光、滑溜溜的，敌人进攻时怎么也爬不上来，多好啊！要把城墙漆一下不难，难的是找不到一间大房子让漆过的城墙阴干（在阴凉处晾干）。"

优旃的一席反话，使胡亥打消了油漆城墙的念头。

正话反说的事例很多。下面这个故事发生在五代时期后唐的开国皇帝庄宗李存勖身上。

有一次，李存勖打猎的兴致来了，就纵马奔驰。等到了中牟县，老百姓田地的庄稼被他践踏了一大片。中牟县令为民请命，挡马劝阻。庄宗大怒，要将县令斩首示众，随行大臣没有一人敢进谏言。

过了一会儿，一个叫敬新磨的伶人从背后转到庄宗马前，押着将被砍头的县令，愤怒地指责说："你身为一个县官，难道还不知道我们的天子喜欢打猎吗？你为什么纵使老百姓在田地里种庄稼来交纳国家的赋税呢？你为什么不让你们县的老百姓饿着肚子而空着地，好让天子来此驰骋打猎取乐呢？你罪该万死！"

怒斥之后，他还请求对中牟县令立即行刑。

庄宗看到眼前的一切，明白了敬新磨的意思，然后哈哈一笑，就免了中牟县令的罪，让其回府了。

敬新磨指桑骂槐，指东说西，正话反说，不仅保全了庄宗的面子，而且让他明白了这一切完全是自己的过失。当然，更为重要的是，一个刚正廉洁、冒死为民请命的县令的命也保住了。

很多时候，若想能举重若轻、易如反掌地达到自己想要达到的目的，尤其是要表达自己的愤懑、不平或劝诫时，不妨正话反说一下，往往能收到意想不到的效果。

善用幽默，平息争论

幽默不仅可以带给人们欢乐，而且能使我们摆脱尴尬，化险为夷。

在人际沟通中，幽默的运用越来越重要，幽默甚至被誉为"无国籍的亲善大使"。无论你从事什么职业，幽默都能使你顺利地改善困难的处境，在社交场合建立起和谐的人际关系，让你成为一个能克服障碍、能得到别人喜欢和信任的乐观之人。

在人际交往中，难免遇到许多棘手的问题或尴尬的场面，恰当地运用幽默，能产生神奇的效果。

有这样一则故事：小镇上一家酒馆老板脾气暴躁，听不得半句坏话。有一次，一个过路人在此喝酒，刚喝一口，就忍不住叫了出来："酒好酸。"老板听后大怒，吩咐伙计拿起棍子打人。这时又进来一位顾客，他问："老板为什么打人？"老板说："我卖的酒远近驰名，这人偏说我的酒是酸的，你说他该不该打？"这个人说："让我尝尝。"刚尝一口，那人眼睛和眉毛都挤在一起，脱口说道："你还是把他放了，打我两棍子吧。"大家哄堂大笑，一句诙谐的话语平息了一场纠纷。

幽默用生动形象、鲜明活泼、委婉、含蓄、风趣、机敏、确切的语言，友善地提出自己对现实问题的见解，能使对方在愉快的情境中，欢乐的笑声中接受批评教育，从而改正自己的缺点和错误。

生物学家格瓦列夫在讲课时，突然一个学生在下面学鸡叫，课堂里顿时一片哄笑。这时，格瓦列夫却镇定自若地看了看自己的挂表，不紧不慢地说："我这只表误事了，没想到现在已是凌晨。不过请同学们相信我的话，公鸡报晓是低等动物的一种本能。"这种幽默的批评对学生起到了警告的作用。

幽默有时是文雅的，有时是具有暗示作用的，有时是高级的，有时是低级趣味的。切忌在沟通中开低级趣味的玩笑并自以为幽默。低级趣味的幽默一般形如讥笑，而一句普通的讥讽言语会让人当场丢脸，以致双方反目成仇。因此，在人际沟通中，一定要注意幽默的品位与格调。

使用幽默的谈话方式，应当因地、因时、恰如其分地使用。例如，如果大家正聚精会神地研究讨论一个严肃的问题，而你突然在这时插进了一句全无关系的笑话，不但不会令人发笑，反而让人觉得无趣。

如果一味地说俏皮话，无限制地幽默，其结果也会适得其反。譬如你把一个笑话反复讲了三五遍，起初人家还以为你很风趣，到后来听厌了之后，会让人感觉呆板、无聊。

如果你的幽默带着恶意的攻击，以挖苦别人为目的，还是不说为妙。再好的糖衣，如果里面包的是毒药，也会致人于死地。

任何人都喜欢聆听生动、形象、幽默、活泼的话语，因为它们总是那么有趣，通俗易懂，听着轻松、愉快。但是谈话生动、妙语连珠，有一副伶牙俐齿的人毕竟不多。因为要能说好听的话，必须花相当大的工夫去积累语言的素材，去训练表达的技巧，下面是使你的语言幽默的常用方法：

1. 恰当运用熟语

所谓熟语，是在社会上流传甚广的俗语、谚语、歇后语及成语等，交谈或辩论中巧妙运用这些熟语，能大大增强语言的表现力。

2. 自嘲

麦克·斯威尔说："在别人嘲笑你之前，先嘲笑你自己。"把自己当做嘲笑的对象，不但可以消除紧张、焦虑的情绪，更可以提升自我的修养。

3. 推陈出新

有时候由于重复多次使用某些词句，别人听久了会厌烦的。这时适当在旧词上稍稍变通或改变一下说法，就能推陈出新。

4. 扩大知识面

幽默是一种智慧的表现，它必须建立在丰富知识的基础上。一个人有审时度势的能力、广博的知识，才能做到谈资丰富，妙言成趣，从而做出恰当的比喻。

5. 培养深刻的洞察力及提高观察事物的能力

只有迅速地捕捉事物的本质，以恰当的比喻，诙谐的语言，才能使人们产生轻松的感觉。

6. 陶冶情操，乐观对待现实

学会宽容大度，克服斤斤计较，同时还要乐观。乐观与幽默是亲密的朋友，生活中如果多一点趣味和轻松，多一点笑容和真诚，多一份乐观与幽默，那么就可以克服困难，成为一个乐观者。

巧用下午茶时光，使沟通自由无限

下午茶时光，不仅可以让身体放松地休息，而且也是拉近人际关系的大好时机。

一提起下午茶，人们首先想到的是一杯热腾腾的咖啡、几盘美味的茶点，再则就是与一帮朋友天南海北地聊上一通。殊不知，如今下午茶已俨然成为商务沟通中的一份"甜点"，短短数十分钟的下午茶时间，不仅让神经紧绷了六七个小时的员工们得以稍稍放松一下，而且巧妙地利用下午茶的时间，让员工与领导适时地交流，还能促进企业的发展。

公司做了各种培训，制定了各种方法条例，但鼓励来鼓励去，

却都不如"下午茶"来得便宜，来得让员工都乐于"执行"。

开会太正式了，员工们不一定能够真正地畅所欲言；本来一句话就能解决的事情，却发邮件，为了"留有证据"，也要字斟句酌地写清来龙去脉，耽误时间不说，更使效率低下了。

下午茶就不一样了。人们在吃东西的时候警觉性通常较低，或者说很放松。很多时候，人们都是借饭局来增进感情的，什么事一到饭桌上就要好解决得多。下午茶的道理也一样。员工边吃边聊的时候，往往能相互启发，聊出一些独具创意的好想法。

据说，剑桥大学特有的下午茶制度，就培养出了60多位诺贝尔奖获得者。这种说法虽然是夸张了些，却也有几分道理。剑桥大学每天下午有两个小时的时间，供不同学科的权威级教授共进下午茶。每位教授可以随意阐述自己研究领域的问题和方法，同时每位教授又在吸取其他领域的知识和方法。也许正是这种无障碍的自由沟通，才激发出大量的边缘学术思想。

平日里，老板都很忙，员工利用好下午茶的时间有意无意地接触老板，既轻松也不会惹来嫉妒，同时也能及时掌握老板的喜好，对老板的家人也能了解得更多。在这时，你就算与老板聊一些鸡毛蒜皮的小事，他也不会有任何的不屑。

与此同时，也正是你了解老板各方面习性的大好时机，好好利用这段时间，掌握第一手真实材料是轻而易举的。你对上司、同事了解得越多，就越能做到知己知彼。

在面对客户时，可以时不时地邀请他们去喝杯下午茶。因为吃饭会占用别人太久的时间，且饭菜种类繁多，点菜一定要恰到好处，而吃饭所要注意的礼仪也要求颇高，吃一顿简直是劳心劳力。喝下午茶，都是比较放松的，客户也很乐意和你聊天，你便能很容易聊出他的喜好以及各方面情况，以后若再与他沟通时便会更加得心应手了。

虚心请教，少走一些弯路

每个人都有许多需要学习的东西，唯有虚心请教才能使人进步，促进人与人之间的和谐。

进入陌生的工作环境，肯定会有很多不懂的事情，这个时候就要虚心请教，问问题前先多观察身边的现象，多动脑子。在请教别人时，应当带着谦虚的态度。因为你在询问的同时也是在和同事沟通，增进情谊，这是一个交流的过程，而不是一个单纯的获取答案的过程。

当上司取得了丰功伟绩的时候，他周围有的是赞美声和一张张笑脸。作为下属的你如果也去这么做，就不会引起上司的特别注意。因此，明智的做法是虚心请教，你可以恭恭敬敬地掏出笔记本和钢笔，真心诚意地请他指出你应该如何努力，也可以谈论上司值得骄傲的东西，向他取经。这样做会引起他的好感，使他认为你是一个对他真心钦佩、虚心学习、很有发展前途的人。

对于初创企业来讲，只有加强与同类企业的沟通，注意吸收他们在发展中的经验和教训，才能少走弯路。往往有些问题对于经历过的企业来说非常简单、非常明白，但对于初次遇到的企业可能就不知所措。只要抱着谦虚学习的态度，虚心请教，可能问

题就会迎刃而解。多问一句、多学一点，可能比你整天冥思苦想省事、省力得多。

时刻保持一种虚心求教的态度，才能不断地学习，不断地进步。虚心请教的最大好处就是：通过学习别人的经验和知识，可以大幅度地减少犯错几率，缩短摸索时间，使我们更快地走向成功。

有这样一个故事：一位年轻人来到了小河边，看到三个年老的长者在河边垂钓。过了一会儿，一个老者起身，说："我要到对岸去。"于是，老者蜻蜓点水般在水面上飞快地点了几下，就过去了，年轻人很惊讶。过了一会儿，又有个老者也像第一个老者一样过去了，年轻人看呆了。又过了一会儿，第三个老者也起身从水面过去了。这下，年轻人认为自己也可以像他们一样蜻蜓点水而过，谁知"扑腾"掉到了水里。三个老者把年轻人救起，问他为什么掉到水里，年轻人把他的想法说了出来。三个老者哈哈大笑："年轻人，我们在这条河上走了几十年了，对河里的每一块石头都非常熟悉，所以，我们可以很轻松地过河。你不熟悉，就一定会掉到水里去的。"

别人成功和失败的经验是我们最好的老师。那些自以为是的人不肯虚心向人请教，结果只能处处碰壁，会像那个年轻人一样掉进水里。

每个人在生活和工作中都有自己的优点和长处，都有值得别人学习和借鉴的地方。年轻同志要尊重老同志，虚心请教，遇事要征求他们的意见；在和领导沟通中，要向领导虚心地请教，比如公司期望自己发展的方向，目前自己做得让人不太满意的地方等，有诚意地问自己的直属领导，自己的弱点在哪里，应如何提高和改进等，从领导那里得到一些指导。只有不断地挑战自己，个人才能得到快速的成长。

虚心向别人请教和学习，可以发现自己的不足之处，学到许多处理问题和思考问题的经验、方法，是保持清醒头脑、认清自己位置、积极进步的良方。

使用易懂的语言，让对方容易接受

在与人交际中，要说对方听得懂的语言。否则很可能达不到预期效果，甚至会闹出笑话。

一天晚上，某书生被蝎子咬了，他摇头晃脑地喊道："贤妻，迅速引灯，尔夫为毒虫所袭！"连说几遍，他妻子怎么也听不明白。疼痛难忍的书生气急之下只好叫道："老婆子，快点灯，蝎子咬着我啦！"这一则笑话是讽喻那些专会咬文嚼字、不注意口语化的人。

在社交中，无论你的话多么动听、内容多么重要，沟通最起码的原则是对方能听得懂你的话。如果对方听不懂你的方言，你要尽量使用普通话；对方不明白你讲的术语或名词时，你要转换成对方熟悉的、理解的语言等。如果不顾听者的接受能力和特定对象，用文绉绉、艰涩难懂的语言，往往既不亲切，又使对方难以接受，结果事与愿违。

例如，在会议中，参会的人员不可能都是一个知识层次，会议主持人不能不看对象，不管效果。主持人在讲话中不要大谈艰深难懂的东西，即使是政策性、专业性、学术性较强的会议，主持人也应用朴实无华、浅显易懂的语言来表达深刻的内容，把深奥的道理浅显化。通俗易懂的语言不但让人听得不吃力，还会给人一种亲切朴实、平易近人的感觉，能缩短主持者同与会者的距离。

这样的道理同样适用于家庭教育中。大人平时应当尽可能对孩子讲直白和通俗易懂的话，否则容易造成亲子交流沟通上的障碍。可以通过给孩子讲故事、和孩子共同编故事等形式，培养孩子的语言表达能力。一旦发现孩子因为大人表述不清而有错误理解时，应当及时告知孩子实情，并做出他能够听得懂的解释，以免孩子在理解上出现偏差。

在谈话的过程中，一般来说应尽可能使用忠实本意且通俗易懂的语言，只有这样，才能使对方感到亲切。要尽量避免在同非专业人士沟通的时候使用专业术语，要用沟通对象听得懂、易理解的语言和方式展开沟通。假如无法避免使用专业术语，则至少应以简明易懂的惯用语加以解释，尽量讲土气一点的话，讲大实话，讲别人能够理解的话。因为叙述的目的是让对方相信自己所讲的事实或接受己方的观点，而不是要借助于叙述炫耀自己的学问，卖弄自己的词汇。

以理去疑，消除误会

只要把话说到点上，说得有道理，自然会令对方信服。

古时候，有个叫许允的人在吏部做官，提拔了很多同乡人。魏明帝察觉之后，便派卫士去抓他。许允的妻子赶出来告诫他说："明主可以理夺，难以情求。"让他向皇帝申明道理，而不要寄希望于哀请求饶。

于是，当魏明帝审讯许允时，许允直率地回答说："陛下规定的用人原则是'举尔所知'，我的同乡我最了解，请陛下考察他们是否合格，如果不称职，臣愿受罚。"

魏明帝派人考察许允提拔的同乡，发现他们个个都很称职，于是放了许允，还赏了他一套新衣服。

许允提拔同乡的依据是封建王朝制定的个人荐举制。不管此举是否妥当，它都是皇帝认可的"理"。许允的妻子深知皇帝责问时，难于求情，却可以据"理"力争，于是叮嘱许允以"举尔所知"和用人称职之"理"，来抵消提拔同乡、结党营私之嫌。

萧何任丞相时，上林苑中有大片空地，他曾请求汉高祖刘邦让出这大片空地给百姓耕种。刘邦一听萧何居然要缩减自己的园林，很生气。要知道，上林苑可是专供皇室游玩嬉戏和打猎消遣的园林。刘邦认为，萧何肯定是接受了百姓和商人的钱财，才公然替他们说话办事的。于是，刘邦下令将萧何逮捕入狱，准备交由廷尉审查治罪。廷尉是专门为皇帝办案子的部门，为了讨好皇

帝，只要皇帝认定某人有罪，廷尉官员就不惜动用大刑迫使犯人认罪。所以，如果真要把萧何交给廷尉处理，那么萧何肯定会被屈打成招。

就在这危急时刻，有位大臣挽救了萧何。这位大臣上前对刘邦说："陛下是否记得原来与项羽抗争，以及后来陈豨、黥布相继谋反，陛下亲自带兵东征的时候。那几年，只有丞相一人驻守关中，关中百姓又非常拥戴丞相。假如丞相稍有利己之心，那么关中之地就不会是陛下的了。丞相不在那个时候去为自己谋大利，难道会在这个时候去贪占百姓与商人的一点小利吗？"大臣简单的几句话，说得有理有据，使得刘邦非常惭愧，也深受感动。刘邦意识到由于自己的鲁莽，差点铸成了大错，于是当天便下令赦免了萧何，并让其官复原职。

在工作和生活中，因一时糊涂或偏听偏信而造成误会的事情时有发生，这不但会给当事人带来委屈和伤害，而且会严重危害当事人正常的工作和生活。当我们遇到被人误会的情况时，最好用事实说话，据理力争说服对方。千万不能硬碰硬，否则对方骑虎难下，纵然意识到自己错了也可能将错就错。

俗话说："身正不怕影子斜。"只要你为人正派，且确实有让对方看得见的事实可以作为凭证，你就可以放心的为自己辩护。有理走遍天下，相信误会终究是会消除的。

利用同感，打开对方的心扉

有了同感就可以更加顺畅地与对方进行沟通。

七岁的莉莉带着烦恼的表情回家了。她告诉母亲，她的好朋友莎莎被几个男生从人行道上推到了路边的一滩水里。做母亲的没有进一步追问这件事的细节，而是表示很理解女儿在这件事上的反应。她说："那一定使你心里很烦恼，你对做这种事的男生一定很生气。你是不是怕他们也会对你那么做？"莉莉却坚决地说："让他们来试试！我会拖着他们跟我一块儿跌到水里。那样溅起来的水花儿一定不小！"她想到怎样把男生拖下水，使他们也沾上一身烂泥，高兴地笑了。母亲以同感的方式来谈话，收获的是一种快乐的结尾。但如果以提供自卫方法的方式来说，很可能就成了没有效果的说教。

战国时期的韩非子指出，要紧紧抓住对方内心，靠的不是渊博的知识，而是要准确地掌握对方的心理。说服之难不在于见多识广或表达之难，也不在于有否直抒己见的胆量，而在于看透对方的内心"并在此基础上巧妙地提出自己的看法。

这里提到的"看透对方的内心"，实际上就是我们讲的沟通双方都要有同感。

同感就是共同感觉。人其实也是感觉动物，每时每刻都被上千种信号所刺激。但是，这么多信号为什么不会使我们手忙脚乱呢？这是由于人脑的处理功能很卓越，它只挑选最重要的感觉供我们判断。

　　人的全部感觉包括五种：听觉、视觉、触觉、味觉、嗅觉。其中，只有味觉是由内在器官舌头感知，其他几种是外在的。但是，嗅觉也可以说是内在的，因为鼻子总是端端正正摆在脸上，没什么动感。所以味觉和嗅觉是我们不容易观察的，只是在极其特殊的场合能够有感知。而视觉、听觉、触觉都是容易观察的，所以很容易有同感。每个人在感觉能力上都会有侧重点，其中总有一种感觉比较出色。

　　一般来说，视觉着眼于看，听觉着眼于听，触觉着眼于动。如此区分之后，你就可以通过观察判断，采取相应的配合措施，从而达到与他人有同感。

　　产生同感贵在理解。人们常说："理解万岁！"把"理解"二字提升到了如此至高无上的境地，实在是对人生体验的一种深刻总结。当一个人在生活与人际交往中遇到难题时，他最希望得到的就是他人的理解。但人与人之间相处与交流，最难做到的也就是这"理解"二字。对于那些处在心灵困境中苦苦挣扎，甚至感到绝望和无助的当事人来说，则更是如此了。所以，沟通进程的基石就是理解，而到达理解境地的途径就是同感。

　　人的心理十分微妙，即使同样的一句话也会因对方的情绪变化而得到不同的理解，读懂对方的内心才能控制其情绪的变化。引起对方的同感，就能拉近与对方的距离，从而达到顺利沟通。

多一点儿赞美，少一点儿批评

赞美是一种成本最低、回报最高的人际交往法宝。

赞美的话人人爱听。美国著名作家、幽默大师马克吐温曾说过："一句赞美的话能当我十天的口粮。"美国第 16 任总统林肯也曾经说："人人都需要赞美，你我都不例外。"

在潜意识里，我们都渴望别人的赞美。这是每个人都会有的渴望。由此而及彼，别人也渴望我们的赞美。所以，赞美别人是处世的法宝。但要赞美别人并非易事，倘若过了头，则有逢迎拍马之嫌，话语不中肯又会沦为敷衍了事之举，如何拿捏得当，的确是一门学问。

譬如说，有人送你一只花瓶，你说一句感谢的话自然是必需的，但称谢的同时再加以对花瓶的称赞，则赠者必定会更高兴。"这花瓶的式样很好，摆在我的书桌上是再合适不过了！"称赞隐喻对方的选择得宜，他听来一定更高兴，说不定下次还有另外一件东西送给你。

沟通中不乏赞美之辞，它的作用，在与下属的沟通中显得尤为突出。在与下属的沟通中，如果只提他的短处而不提他的长处，他就会感到心理上不平衡，感到委屈。如一名工作人员，平时在工作中很有成效，偶尔出了一次错误，如果就此批评他工作不负责任，而不肯定他以前的成绩，他就会感到以前"白干了"，从而产生抵抗的心理。如果我们先就他以往的表现给予赞扬，再指

出此次的错误，如"你以往的表现都优于一般人，希望你不要再犯这样的错误"。那么他就会主动放弃心理上的抵抗，也更容易接受你的批评。

用赞美代替嘲讽，绝对是最有效的快乐秘方，尤其是在与孩子的沟通中。父母不要轻易责备孩子，赞美多于责备尤为重要。孩子都需要被认可，都需要觉得自己重要，他们天生都渴望得到他人的赞赏；同样，也都惧怕责难。孩子做了什么错事，例如与别的小朋友打架、打坏了什么东西或者将别人的东西偷偷拿回家，这时，不要只用责备的语言。一味地批评是无法期待好效果的，先讲其优点，再分析孩子的错误，让孩子要牢记教训，不要再犯，这样就能达到很好的效果。赞美孩子每一点进步，会让孩子成为一个自信的人，从而使孩子将来易于获得成功。

在赞美别人时候，以下几点要注意：

1. 必须秉承真诚的原则

只有名副其实、发自内心的赞美，才能显示出它的光辉。赞美的内容应该是对方拥有的、真实的，而不是无中生有的，更不能将别人的缺陷、不足当做赞美的话题。

2. 语言简洁、朴实

赞美要用简洁、明了、平和、朴实的语言，而不要用模棱两可或过于夸张、露骨的语言去赞美对方。这样很容易让对方觉得我们缺乏诚意，甚至虚伪。

3. 赞美的时机也很重要

一是当你发现对方有值得赞美的地方，就要善于及时大胆地赞美，千万不要错过机会；二是在别人成功之时，送上一句赞语，就犹如锦上添花，其价值可"抵万金"，考了好成绩，评上先进，受到奖励……这时，人的心情格外舒畅，如果再能听到一句真诚的夸赞，其欣喜之情可想而知。

4. 不要当着众人的面赞美某个人

当你面对众人赞美某一个人时，很可能会伤害在场的其他人，即使你是无意的。只有当你确认你对某一个人的赞美不会伤害在场的其他人时，你才可以当着众人的面去赞美一个人。

适度恭维，为沟通打开缺口

恭维是一种型号齐全的万能钥匙，用处多多，灵验无比。

适当地恭维别人，是处世之道。任何人都乐意听好话，都愿意听别人赞美自己的长处和优点，而不愿意听别人说自己的短处和缺点。

恭维别人对自己也会有所帮助。如果想让对方接受你的观点或想法，则必须先让对方能够静心倾听你的想法。如果对方连听都没有听进去，又何谈接受呢？而要让对方倾听，则不能使对方产生反感。恭维话在此时就会发挥最好的效用，恭维别人的同时，也解决了自己的问题。

例如，在职场上，在与上级领导的沟通中，下属需要了解上级领导的个性心理，给予适当的恭维。领导者首先是一个人，作为一个人，他有他的性格、爱好，也有他的作风和习惯。对领导有清楚的了解，不要认为这是为了庸俗地"迎合"领导，而是为

了运用心理学规律与领导进行沟通，以便更好地处理上下级关系，做好工作。人性中有一种最深切的秉性，就是被人恭维的渴望。在与领导者交往中，要永远记住，领导者都希望下属恭维他、赞扬他。找出领导的优点和长处，在适当的时候给领导诚实而真挚的恭维，会为沟通打开突破口。

有的上司自恃头脑聪明，交际广泛，往往认定自己是一个了不起的人物，从而趾高气扬、骄傲自满，甚至目空一切。由于他们喜欢旁人对他歌功颂德，反感对其批评指责，甚至厌恶那些对他们的"功""德"毫无反应的人。对于这样的上司，需要适度地进行恭维。

与他们打交道不妨采取投其所好的方式，对其业绩、学识、才能等给以实事求是的赞美，使其荣誉心、自尊心得到满足。这样就可以从心理上缩短距离，同样能起到拉近彼此距离的作用。

有位生性高傲的经理，一般陌生人很难接近，他的冰冷面孔常使人望而却步。有位外地来的业务员听说了他的脾气，一见面就微笑着递了一支烟说："我一进门就有人告诉我，您是个爽快人，办事认真，富有同情心，特别是对外地人格外关照。我一听，高兴极了。我就爱和这样的领导共事，痛快！"经理的脸上立刻露出一丝笑容，接下去谈正事，果然大见成效。

这位业务员的成功便得益于开头的那几句恭维话。这样，对方就不好意思对一个恭维尊敬自己的人给予冷遇，面露难看了，自然会在维护自我形象的心理支配下变得和蔼可亲起来。

恭维话并不是随便恭维，要注意对象和内容，任何人都在心底有一种希望，年轻人的希望是他自己，老年人则是把希望寄托在年轻人身上。年轻人当然希望自己前途无量，宏图大展，所以恭维时便须点出几条，证明他是有潜力的。而老年人自知年老力衰，一切都已成为过去，所谓"好汉不提当年勇"，他们只希望后辈人能超过自己，创造出更好的前程。所以，对老年人恭维时，不妨将着眼点放到他们的晚辈身上，并将老年人与其晚辈比较，指出后辈的长处。这种做法，不但不会引起老年人的反感，相反他会很高兴。

对于不同职业不同文化程度的人，恭维也应有所区别。对待商人，如果恭维他才高八斗学富五车显然不行；而对文化人说他如何财源广进，财运亨通更是不妥；对于政府要员，你若说他生财有道，他定以为你是说他贪污受贿。同时也还要注意掌握好恭维的分寸——不可太过，否则就成拍马屁了。

恭维别人的要点：

1. 恭维话要实事求是

人总是喜欢奉承的，即使明知对方讲的是奉承话，心中还是免不了会沾沾自喜，这是人性的弱点。换句话说，一个人受到别人的夸赞，绝不会觉得厌恶，除非对方说得太离谱了。奉承别人首要的条件，是要有一份诚挚的心意及老实的态度。

2. 不要随便恭维别人

对于不了解的人，最好先不要深谈。要等你知道他的喜好，才可进一步交谈。最重要的是，适时适度，不可滥用。

3. 背后称颂效果更好

在恭维时，要找准确实需要增光添彩的"闪光点"，最好郑重地讲给第三者听。这种恭维，不管是当着别人的面，还是在别人的背后讲，都能起到很好的效果。这种赞语，如果当着我们的面说给我们听，或许会使我们感到虚假，或者疑心他不是诚心的，背后的赞语反而会让我们确信无疑。

间接委婉地指出他人的错误

在批评别人时，用商量或疑问句表达批评之意，语气委婉，显得有礼貌，别人也能接受。

委婉是说话时的一种策略，即在讲话时不直述其本意，而是用曲折的方法加以烘托暗示，让他人通过自己的思考得出结果，从中揣摩出深刻的道理。

如果有几个下属在挂着"禁止吸烟"的牌子的屋子里吸烟，上司可以有两种办法进行处理。一种是，上司指着牌子对下属说："难道你们不识字吗？"加以斥责和阻止。另一种是，上司递给抽烟者每人一支烟说："如果你们到不禁止吸烟的地方去抽，我会感谢你们的。"下属当然知道自己破坏了规定。上司的这种行为，提高了自己的威望，也获得了下属的敬重。

在交谈中，如果发现对方有较为明显的错误，间接委婉地指出对方的错误，要比直接说出来更温和，且不会引起对方的反感。有的人在真诚地赞扬对方之后，接着就是一连串的批评，这样做要使赞美的真实性大打折扣。比如，有的父母想改变孩子漠不关心的学习态度，可能会这样说："你这次成绩进步了，我们很高兴，但是你的数学还是比较差，如果你的数学成绩好一些就更好了。"

在这个例子里，如果这样说就更好一些："你这次成绩进步了，我们很高兴。而且，如果你在数学方面继续努力下去的话，下一次一定会跟其他科目一样好。"

在生活中，每一个人都有犯错的时候，批评就成为我们常用的一种手段，但有的人批评起别人来简直让人无地自容，下不了台阶。其实，这种批评方式不但无法达到让对方改正错误的目的，还有碍于人际关系的正常发展。在生活和工作中，假如我们有必要批评别人时，应学会巧妙地批评，让他人既意识到自己的错误并尽快改正，同时也理解我们善意批评的意图，使他心存感激。

罗西尼是19世纪著名的意大利作曲家。一天，一个作曲家拿着一份拼凑的手稿来请教他。演奏过程中，罗西尼不停地脱帽。那位作曲家很奇怪，就问他是不是房间很热。罗西尼回答说："不，我有见到熟人就脱帽的习惯，在阁下的曲子里，我碰到了那么多的熟人，不得不连连脱帽。"

罗西尼巧妙地用"那么多熟人"来暗示曲子缺乏新意，抄袭太多，含蓄地向对方表明了自己的看法和意见，既不伤情面又达到了目的。

批评别人时，要对事不对人

虽然错误与犯错误的人密不可分，但对事不对人的批评，才更容易为对方所接受。

批评别人时，要对事不对人。"事"是指具体的行为、事件，

"人"是指事件所涉及的自然人以及人的人格、个性等因素。谁都会做错事，做错了事，并不代表他这个人如何如何。批评时，一定要针对事情本身，不要针对人。因为错的只是行为本身，而不是某个人。

例如，有的教师在批评学生时，常常不能理智地分析问题，不能对学生"就事论事"，而习惯于"就人论事"，如："你怎么这么笨，连这么简单的题都不会做！""这个学生品质恶劣，竟然敢顶撞老师！"等。其实，脑子笨与不会做简单题没有联系，顶撞老师也不见得品质就一定恶劣，这是两码事情，两者之间没有必然联系，不能硬扯在一起。

所以，教师批评学生时，要注意把学生的行为表现与他的个性品质分开来看。教师感兴趣的，应是学生做的具体事情或在活动中的行为表现，要把批评指向学生在活动中的某一具体行为表现和做的具体事情，而不要指向他本人。也就是说，批评时不要涉及学生其他与目前过失没有联系的方面，批评的主要目的是让学生认识自己所犯的错误，帮助他纠正错误以免再错。要纠正错误也只有将批评直接指向错误的行为表现上，不要涉及其他。如学生字写错了就指出这个字写错了，不要说什么学习态度不认真、不踏实之类的话；也不要因为学生某一方面表现不好就说他什么都不好，这也不行，那也不行，等等。

总而言之，批评学生时要客观地分析问题，实事求是，就事论事，要让学生明白他是因什么事情做错了而受到批评的，避免"就人论事"的现象出现。

同样的道理也适用于其他方面。

对事不对人，尽量描述事实而不是妄加评价。当别人犯某种错误或做出不恰当的事情时，应避免用评价性语言，如"没能力""失信"等，而应当客观陈述发生的事实及自己对该事实的感受。尤其是批评别人时，应只对错误的事实本身进行分析和探讨，不要定性或下结论。

在分析事情或批评别人时，要注意以下原则：

1. 善于讲求普遍性，不要涉及具体人

问题是通过具体的人和事表现出来的，所以在沟通的过程中，很难做到不涉及具体的人，但是沟通的目的在于解决问题而不是针对某个人。例如，在实际工作中，问题有可能广泛存在于诸多岗位及工作环节中，虽然表现在一个点上，但是具有普遍性，是系统性的问题，需要在公开的、较大范围内，对某一特定问题进行广泛沟通，目的是阐述此问题的普遍性，在整体上使问题得到解决。

2. 只用事实，不用感觉

争论时的论据原因必须是具体事实（事实不是真相，事实只是实际存在的东西），不能以感觉为论据原因，因为争论需陈列论据原因及观点，前后两者必须有因果关系存在，具体事实才具有产生因果的能力，而感觉（即说我觉得怎样）是抽象的，因此缺乏产生因果的能力，自然不能是一个有效的推论。

3. 沟通要针对具体问题，不要针对人的个性特征

比如，小张上班总是迟到，如果沟通时说为什么总是迟到，怎么这么懒啊？这样说就会引起当事人很大的反感，不是成功的沟通方式。但是如果换一种方式，如上周二、周三迟到，这次又

迟到，有什么问题吗？这样既具体指出问题所在又不涉及个人的品性，比较容易让人接受。同时也减少了对方辩解的理由和空间，有利于问题的解决。要对问题进行具体分析，进行深入细致的沟通，不要因为对品性的争执导致矛盾升级。

| 第五章 |

沟通能使工作顺风顺水

　　在工作中，我们需要不断地与上司、同事、下属、客户等进行交流与沟通，以增进感情，减少工作失误，提高工作效率，把工作做好。在职场中，与人保持良好的沟通，在工作中才能顺风顺水。

承认"我错了"，可以获得别人的谅解

承认"我错了"，是沟通的软化剂，可解冻、改善与转化沟通中出现的问题。

"金无足赤，人无完人。"沟通中出现一时的失误，也是在所难免的。只要态度诚恳、大胆地去承认错误，真诚地向别人道歉，就能得到别人的原谅。

不要总害怕承认自己的不对，以为这样别人就会看不起自己。在人际交往或者工作过程中，其实，真正有能力的人是勇于承认自己的错误之处的。说对不起，不代表真的犯了什么天大的错误或伤天害理的事，而是一种软化剂，使事情终有"转圜"的余地；同时，也能化解人与人之间的误会，让人豁然开朗。

当一件事情做得不恰当或不合理时，需要勇于承认错误。诚恳地道歉是解决矛盾的良药，也是一个人胸怀宽广的表现。有些人明知是自己的错误，但出于面子或是想维护自己的地位而遮遮掩掩，甚至还要找出无数理由为自己辩解，这样做只能是欲盖弥彰，起到相反的作用。

例如，在教学过程中，教师难免会犯一些这样那样的知识性错误，尤其是现在互联网很发达，有不少科学知识学生知道，老师则未必知道。

有些教师出现失误时，不敢大胆地承认错误，而是采取隐瞒的方式淡化处理，甚至强词夺理，他们以为这样做就维护了教师的形象。其实，效果适得其反。事实证明，教师敢于在学生面前认错，更能赢得学生的尊重和信赖，也能影响和激发学生勇敢地去承认和改正自身的错误。因此，当教师出现失误时，要勇敢地承认错误并积极改正，这也是作为一名教师应该必备的素质。同样，学生犯了错误也要勇于承认，及时改正。有的学生明知道自己错了，受到批评，即使心里已经知道自己不对，嘴上却死不认错，与老师闹得很僵。有的人则相反，受过一次批评后，就特别怕那个老师，担心他对自己有成见。这都是没有必要的。错了就错了，主动向老师承认，及时改正，这样依然是个好学生。

又比如说，在家庭教育中，有的家长由于各种原因而误解孩子的时候，偶尔说了错话时，也要立刻道歉，勇于承认错误，不要编一大堆借口，以免越描越黑。

人的一生不可能永不犯错，有时候错误只是自己的一时疏忽所造成，并不构成太大的得失；但如果不认错，后果就将不可收拾。所以，一个人的际遇安危、成败得失，往往和自己能否敢于认错有着十分密切的关系。谁都难以避免犯错，但要懂得去认错。不懂得认错，一方面不能获得他人的谅解，另一方面也无法进一步加以修正错误，获得进步。

记住对方的名字很重要

在交际中，最明显、最简单、最重要、最能得到好感的方法，就是记住对方的名字。

现代社会人们交际频繁，我们周围经常会碰到这样的事情：两个人见面，其中一个人认识另一个人，而对方却早已忘记他姓甚名谁。发生这样的情况，不礼貌倒还是小事，若是赶上紧要场合，常常会因小失大。

有些人天生记忆力好，看书、阅人均过目不忘，有些人记忆力差一些，但若把这作为不礼貌甚至因小失大的理由，也未免有些牵强，对某些职业来说，记住别人的名字已成为工作上的必需。

记住对方的名字是赢得交际的第一回合。当两人相互认识时，姓名对对方而言则代表一切。记住对方的名字等于记住了这个人，显示你对对方的尊重。记住并准确地呼叫对方的姓名，会使人感到亲切自然，一见如故。否则，即使有过交往的朋友也会生疏起来。

要记住对方的名字，除了了解和掌握中外人名的特点以外，还可采用以下方法：

★在互相介绍的时候集中注意力。过几分钟以后对自己重复他的名字，如果忘了就再问一次。

★初次见面被告知姓名时，最好自己重复一遍，并请对方把名字一字一字地分别解析一次来加深印象。如果他的名字比较难记的话，可以多重复几遍。

★可以借助交换名片保留对方的名字，并将名片分类整理放好。也可以把新结识的人的姓名及时记在通讯录上，经常翻阅。这样，对新结识的朋友就不容易忘记了。

★立刻高声地重复对方的名字，并且在下次交谈时称呼其名。

★把名字和对方的职务或工作联系起来记忆。可以把一个名字的发音联想成一个容易记住的词语。

★如果对方名字和你所知道的某些词语或者与你的朋友的名字有着相似之处，那赶快将这个相似点记下来。

★通过交谈，相互了解熟悉，尽量多使用对方的名字，不一会儿你就会记下来了。

★将你记忆的名字与对方的相貌相互对应，心里重复这个联系并且记忆多次。

★把姓名脸谱化或将其身材形象化，将对方特征与姓名一起输入大脑。如有个青年叫聂品，可以将他的名字解释为"两只耳朵三张口"，这样就容易记了。

★把他们的名字写下来，多翻几次笔记本，久而久之就印入你的脑海了。

★把对方的名字与某些事物（如熟悉的地名、物名、人名等）关联起来。

★介绍对方给自己的配偶或者其他熟人，这样有助于加深印象。

名字作为每个人特有的标识，是非常重要的。记住对方的名字，并把它叫出来，等于给对方一个很巧妙的赞美。所以，记住别人的名字，不仅是对他们的尊重和表示你对他们的重视，同时也让别人对你产生更好的印象。

勇于接受别人的建议与批评

当别人的见解和看法与自己不同却更合理时，要善于接纳别人的建议，修正自己的观点。

金无足赤，人无完人。任何人都有犯错误的时候。犯错误不要紧，要紧的是犯了错误，却不听从别人的建议。只有虚心接受别人的建议，才能从中汲取对自己有益的东西，取得更大的进步。

要善于听从别人的建议和忠告，说起来容易，做起并不容易。因为每个人的身世、学历、环境、性格都有所不同，这样就导致了每个人信念的异同。固执己见的悲剧，在于它阻止了成长、进步和充实自己。它使我们自认为十全十美，但事实上，世界上没有人是十全十美的。我们的意见可能是错的，应该有"闻过则改"的雅量，只有肯听别人的想法，接受别人的建议，才能取得进步。

例如，在商场中，固执己见的管理者只会让企业走进死胡同。当今国际市场环境复杂多变，只有善于反思和调整，勇于接受别人的建议，甚至是别人的批评意见，企业才能够跟上发展的节奏；只有能够快速适应环境变化的领导者，才能带领整个企业快速前进。

在接受别人建议时，需要注意以下几点：

1. 站在对方的角度

一定要先把自己的东西放开，站在对方的角度来思考这些建议和意见的根源，不要直接排斥别人的意见和建议。

2. 让对方说明提意见的理由

有些人在给别人提意见时，总喜欢概括起来，虽然说了一大堆，但很难让人明白他具体在说什么。如果碰见这样的人，你应该客气地让他讲明提出这种意见的理由，最好能讲出具体的事件。这样做可以使自己更加清楚地明白自己在哪些方面还存在问题和不足。另外，还可以让无中生有的人知难而退。

3. 不要猜测对方批评的目的

在接受批评时，不应该枉加猜测对方批评的目的。如果对方有理有据，对方的批评就应该是正确的。你应该将注意力放在对方批评的内容上，而不要去怀疑对方批评的目的。如果让对方体察到这些情况，对方可能不再会对你进行批评。久而久之，当你出现问题时，也不会有人站出来提醒你。这种结果往往是很悲惨的。

4. 不要着急发表意见

有些人性情比较暴躁，或者不太喜欢听别人的意见。这时如果有人向他们提出批评，他们的第一个反应就是去反驳。当即反驳并不能使问题得到解决，相反的，可能还会使矛盾激化。当对方提出批评意见时，你应该认真地倾听，即便有些观点自己并不赞同，也应该让批评者讲完自己的道理。另外，你应该很坦诚地面对批评者，表现出很愿意接受批评的态度。

善于授权，实现双赢

合理授权给下属，不仅能激发下属的积极性，而且能够提高下属的工作效率。

在一个现代化的企业中，作为管理组织的主要领导者，不可能也没有能力总揽一切事务。因此在某些领域和方面，他必须把权力下放给某些下级，也就是我们说的授权。授权是现代领导活动的重要组成部分，也是作为领导要学习掌握的领导艺术。

善于授权，是指领导必须能够有效地将权力赋予下属，让他们更加积极地参与到企业的运作和管理上来。在这个问题上，松下幸之助的话颇耐人寻味，他说："领导以身作则可以说非常重要，但只是这样还不够，如何把工作交给下属是相当重要的一件事。把工作交给下属之后，下属必会善尽自己的职责，可代替上司的工作，能力甚至会超过上司。凡是拥有众多这类人的公司或集团，必定会有长足的进步。"

"水能载舟，也能覆舟"，领导若一味将权力握在手心，不善于清点和梳理手中的权力，分不清事情的轻重缓急，事必躬亲，独自一人在企业里大包大揽，结果会在盲目的忙碌中忘记了自己的角色，将大部分时间和精力无休止地消耗在本该下属处理的事情上，荒废了主业。

领导不懂得授权，不仅会把自己弄得焦头烂额，更可怕的是，它还会扼杀下属的进取心和创造力。领导科学地授权，有利于发挥下属在工作中的积极性、主动性、创造性，最大限度地激发下属的工作意识。

但是，在现实的领导过程中，不少领导对此认识不足，不懂授权，不敢授权，不愿授权，不会授权，导致企业组织要么权力过度集中（产生独裁），要么权力过于分散（各为中心），甚至权力关系混乱，严重影响领导权威和领导活动的应有效果。现代企业制度的建立使领导活动更具复杂性和多变性，领导者个人的知识和能力已难以实现优异的领导绩效，善于授权、讲究授权艺术，已成为现代领导活动的重要特征和追真话无价，要让员工畅所欲言。

员工的真心话不一定都是真知灼见。但一定是肺腑之言。

世界首富比尔·盖茨鼓励员工畅所欲言，对公司在发展中存在的问题，甚至上司的缺点，员工都可以毫无保留地提出批评、建议或提案。他说："如果人人都能提出建议，就说明人人都在关心公司，公司才会有前途。"松下幸之助有句口头禅："让员工把不满讲出来。"他的这一做法，使工作得到了畅通发展，公司里的人际关系得到了和谐发展，实现了有效沟通。

企业员工的真话无价，但是真话难得。成功的管理者只有让员工说出他们的真心话，企业的各项管理才能做到有的放矢，才能避免主观武断而导致决策的失误。

企业管理者要想让员工说出真心话，可以从以下几个方面着手：

1. 让员工知道每个人都是重要的

在现实工作中，领导者越是能尊重员工的个人利益，员工就

越是有主人翁的工作态度。管理者要尽可能地让员工了解企业的全局，让他明白他在企业中扮演什么样的角色，企业的发展会给他带来什么。最重要的是摒弃那种"我养活了员工"的高高在上的姿态。毕竟，每个人都是在用自己的劳动赢得生存，不存在谁高谁一头的事实。

2. 寻找对话的共同目标

寻找共同目标可以调动员工的积极性，使其愿意听听你所关注的事。如果你尝试听取他人的观点，你常常可以找到办法吸收他人的观点，即使在非常敏感的谈话中也能如此。比如说，如果员工的过失使你的部门不能在最后期限前完成工作任务，这个员工当然会考虑耗损成本的增加，他也会担心生产率的下降，这样你就可以找到共同目标了。对上司以这样开始谈话："我有些想法，如果你认真改进你的工作方法，你就可以提高工作效率，削减几百元的成本。这个话题可能有些敏感，但我想我们谈谈，对你或许会有很大帮助的。"

3. 注意维护员工的自尊

有一项研究调查表明：凡是自尊心强的人，荣誉感和成就感也强，无论在何种岗位上，都会尽自己最大努力，决不愿落于人后。所以，作为一名明智的管理者，不仅要注意保护员工的自尊心，而且要因势利导，采取正确的方法，将其引上积极向上的轨道，不要因为一点点工作上的失误就当众批评他，即使你非常不喜欢他。在此，须牢记一句话：维护别人的自尊，就等于维护了自己的自尊。

4. 鼓励员工充分运用智慧进行大胆创新

如果市场状况已经变化，而企业内部没有及时察觉和应变，那么原来的成功经验反而会成为阻碍企业发展的绊脚石。尽管许多员工在处理事务的时候有新的想法，但是却常常因为担心自己的革新不成熟导致失败或者其他人有看法，有话都闷在肚子里。当大家的思维被限定得很狭窄以后，创新就无从谈起。特别是在开会的时候，且主持者的权威性较高的时候，与会者就不愿意当面提出不同意见，发表的言论自然流于应付。所以，鼓励员工充分运用智慧进行大胆创新是很有必要的。

5. 建立便于各方面交流的渠道

要让员工可以通过一些渠道提问题，诉说关心的事，或者获得问题的答复。公司鼓励员工畅所欲言的方法很多，如员工热线、意见箱、小组讨论、与总裁举办答疑会及"开放政策"等。

6. 根据员工的不同，分配合适的工作

生产靠员工，销售靠员工，按现代行话说：营销即人。可见舞台对员工而言至关重要。企业要从实际角度出发，给员工搭好能发挥其才能的舞台，即安排合适的职位。最好是安排富有挑战性的工作，赋予员工高于其实际能力的工作目标，激励其挑战自我，超越自我。当员工完成赋予其挑战性的工作后，他们就会产生一种满足感和成就感，这不仅使个人的价值得到了实现，同时也为企业创造了价值。

7. 跳出争吵的圈子

如果你在争论中进退两难，可以试试"跳出争吵的圈子"这个简单但功效强大的招数。可以对对方说："看来我们都想把自己观点强加给他人。这次我们就讨论到这儿，直到找到双方都满意的解决方案再坐下来讨论。"接下你就会看到，你的这番话最终起到

了扭转局势的作用。要想成功地解决争吵和分歧，就不要再用沉默或进攻来逼迫对方接受你的观点。此外，不要坚信自己的选择是最好的而且是唯一的解决问题的方案，如果事情不能尽如你愿，你就永远得不到快乐。放开胸怀，就可以接受其他的解决方案。

将功劳归于下属，是对下属最大的激励

将功劳归于下属，下属的积极性就会被充分地调动起来，他们的才能就会得以充分地发挥。

一个领导者要时刻牢记：功劳都是下属的，没有他们的努力，自己是不会成功的。只有把功劳让给下属，并充分肯定他们的成绩，领导者才会得到下属的信任，这样自己的形象才会得到很大的提升。若企图夺取下属的功劳，只会让自己"因小利而失义"，最终将极大地贬损自己的形象。

将功劳归于下属，这种做法在我国古代被称做"委功"。就是把功劳如实地分给下属而不占为己有，借此来调动下属的积极性和主动性。其特点是将功劳成绩分给应得之人，以满足他们的成就欲和满足感。

例如，春秋时代的越王勾践在这方面就是一个高手。当年勾践十年卧薪尝胆回国以后，对诸大臣说："孤实不德，以致失国亡家，身为奴隶，苟非相国及诸大夫赞助，焉有今日。"就这一席话令所有大臣深为感动，加重了他们以身报国的情愫，后来勾践在这群大臣的努力辅助下，最终打败吴国成就霸业。

历史的无数事实证明，如果将所有的功劳都归自己所有，只会使下属感到建功无望，导致在工作中失去积极性和进取心，甚至明珠另投。委功则不一样，它能极大地调动下属的积极性，使下属感到领导很重视自己，取得点滴成绩，都能被看在眼里，记在心里，也就心甘情愿地去工作。一正一反，对比鲜明，其优劣不言而喻。

尤其是创业者，一定不要与员工争功。在刚开始创业阶段，员工是企业的根本，若功劳能落在付出努力的员工身上，他会更加努力地为企业创造效益。

一个卓越的领导人，应该是去和下属分享甚至是把功劳让给下属的人。这样才可能最大限度地激励下属，创造一个优秀的团队。反之，虽然得了近利，但必有远忧。与下属抢功劳，只会让下属觉得他们所付出的一切，只是上司拿来向老板邀功或者是出风头的一种资本，是垫在上司脚下以帮助其提升的一块石头。这是对下属的极度不尊重的表现。

把功劳让给下属的另一面是承担责任。

作为领导者，如果老是去和下属抢功劳，那么，当有问题来临的时候，肯定是会将下属推到前面去的。这样的管理者注定会失败。一个团队的领导者是团队的中心，把功劳让给下属是对下属最大的尊重，当责任来临的时候，主动去承担自己该承担的责任，这是对下属的帮助和爱护。这样，你的下属才会更加尊敬你，你的团队才可能真正得强大起来。可能，自己暂时会失去一些既得的利益；但从长远来看，你赢得了下属的尊敬，也激励了下属加倍努力地工作，甚至可以赢得一帮追随者。而且，可以这样说，

对于一个团队，功劳始终不是哪一个人的，你是团队的领导者，功劳是谁的不重要，团队的成绩好，团队中的每位成员都是受益人。

不要居功自傲

任何老板都讨厌下属居功自傲，擅做主张，更没有人能忍受下属对自己指手画脚。

老子曰："曲则全，枉则直。"就是告诫我们，为人处世不能过分骄纵，不要居功自傲。在为人处世方面，那些喜欢高高在上的人，经常会给自己带来很多不必要的麻烦。做人要懂得谦虚，要懂得把一些荣耀主动让给他人，这样自然能够赢得别人的尊重。

一位哲人说："人之所以有祸害，有痛苦，有烦恼，就是因为欲念太大，总是贪求很多，总想抓住很多。"例如，在工作中，有的人经不住成绩的诱惑，尤其是一旦自己取得了成绩时，就生怕别人不知道，想方设法四处宣扬。结果常常引来别人的嫉妒，甚至给自己以后的工作带来了不少麻烦。其实，一个会做人的人，有了成绩后不仅不会到处张扬，还会把功劳让给别人。这样一来，自己不但得到了领导的好感与重视，还能得到同事的好感与尊重。

有的人在讲自己的成绩时，往往会先说一段套话：成绩的取得，是领导和大家帮助的结果。这种套话虽然乏味得很，却有很大的妙用：显得你谦虚谨慎，从而减少他人的嫉恨。好的东西每一个人都喜欢，就像越是好吃的东西，越是舍不得给别人，这是人之常情。但是如果你有远大抱负，就不要斤斤计较成绩的取得究竟你占有多少份，而应大大方方地把功劳让给你身边的人，特别是让给你的上司。这样，做你感到喜悦，上司脸上也光彩。

关于伽利略的一则故事就值得我们借鉴：

1610 年，伽利略发现了木星周围的卫星，这是一个重大发现。不过，当时意大利国内，当权者都在忙于争权夺利，对于科学研究没有人重视。对于科研经费，伽利略也是着实为难，有时他不得不四处求人、拉赞助。

不久，冠西默二世登基了。与此同时，伽利略宣布自己从望远镜中看见了一颗明亮的星星（木星）出现在夜空，同时还发现它周围的四颗卫星。经过反复思考后，伽利略把自己这个发现呈献给了统治者。木星代表着寇西默一世，四颗卫星代表着冠西默二世和他的三个兄弟。卫星围绕木星运行象征着他们兄弟们对王朝的忠诚，兄弟们将在冠西默二世的治理下尽职尽责、齐心协力。同时，伽利略还制作了一枚徽章——天神朱比特坐在云端之上，四颗星星围绕着他。徽章献给了冠西默二世，象征他和天上星星的关系。

伽利略把自己功绩隐藏起来，把荣耀给了冠西默二世。冠西默二世获得了这巨大的荣耀，非常高兴，就立刻任命伽利略为其宫廷哲学家和科学家，并给予全薪。通过这个办法，伽利略可以专心从事自己的科学研究，并再不用为无法保证的科研经费而费神了。

如果你认为自己有功就忘了你的上司，很容易招惹上司的嫉恨，这可是非常不利于自己发展的；但若你能摸清上司都喜欢被

人夸耀的心理，结果就大不一样了。

《三国演义》中有这样一个故事：杨修自以为学富五年，才智出众，因而恃才傲物，身在曹操的营帐里，却根本不把曹操放在眼里，常常口出狂言，做事也经常自作主张。杨修的行为让曹操大为恼火，终于找了个机会杀了他。

再无能的领导也是有好胜心的，也是要面子的。在领导面前，你最好不要表露出"我比你聪明"的想法，要在谦虚的请教中表达你的意见，这才是你最好的选择。

当你在工作中取得一定成绩后，不要总想着表现自己一下，而应懂得用自然而巧妙的语言将自己取得的成绩和荣誉归于领导。这样做，能显示你自己慷慨大方的品质和对领导的忠诚。这样也能在领导心中留下一个好印象，而且也可能会换来他同样的回报。

少说话，多做事

在工作中少说为佳，要多听听别人是怎么说的，多去做点实际事情。

在职场中，一定要谦虚谨慎，最好是少说话，多做事。

"少说话"，是因为你的想法可能有不少漏洞或者不切实际之处，说出的话很可能会伤害到某一个人，急于求成反而可能引起别人的反感。当然，这里的少说话不是让你成为哑巴，该说的还得说，该请教同事的还得请教，否则就是木讷呆板了。你要给别人诉说的机会，而自己甘做一个好的听众。

"多做事"，勤奋努力，大家会对你留下很好的印象。当然千万不要抢别人的事来做，这样会引起别人的反感。多做一些对他人有利的事情，比如服务性质的，能加强跟别人情感的联系。想得到大家的认可，应把自己的精力放在能力的提高上，去赢取别人情感上的认可，只有这样，你才能在工作中长期与大家和平共处。

其实，你只要是个有心人，可以从最基本的打扫卫生、整理文件、接听电话做起，为领导或者其他同事做些辅助性的工作，比方说打印材料、填写一些简单表格等。此外，别人都推脱不干的事，自己要主动接过来做，这样就能容易融入同事圈中，得到领导或者同事的赏识。

如果你刚到一个新单位，没有足够熟悉的朋友向你介绍单位的具体情况，你千万不要急于行动，不必急于"融入"集体中，也不必急于讨好大家，这样会适得其反。新人对工作的实际情况不太了解，言多反而自显其陋。

有的人刚参加工作，热情比较高，兴趣也较为浓厚，对工作上的事情爱发表意见，但又因经验不足而说不到点子上，只能是暴露自己的幼稚无知。所以，刚参加工作的人一定要经历一个少说多做的阶段，在这个阶段里，你可以熟悉情况，积累经验，加强学习，弥补不足，从而使你原有的理论基础与所从事的工作紧密地联系起来。只有这样，你才会与领导和同事建立起良好的人际关系，成为他们的一部分，过时再说话则会显得有分量得多。

多做事要求本职工作必须做好，而且还要多做，这样会让你尽可能多地了解工作中的各种现实情况及细节，避免幼稚的举动，也容易赢得领导和同事们的好感。没有哪个领导不喜欢那种踏实肯干、任劳任怨的下属。多做还可以点点滴滴地去积累自己的工作经验，为自己的成长、成熟并进一步做出一番大事业打下坚实的基础。

在职场中要懂得尊重领导

在职场中要尊重领导，搞好与领导的关系，这样做事才会更加顺畅。

作为下属，我们一定要充分尊重领导，在各方面维护领导的权威，支持领导的工作，这也是下属的本分。

不管你在公司遇到怎样的领导，除了他明显违背法律和政策之外，你都应该无条件地服从，用尊重和服从来维护他的权威。

小刘和小徐一同进入了一家公司。小刘认真负责，办事干净利索，工作能力强，但是两年过去了，小刘还是职位依旧。小徐的领悟能力比较慢一点儿，遇到不懂的问题就问，虽然如此，工作也是兢兢业业，后来小徐得到了升迁。

原来，小刘认为自己能力强，经常在公开场合顶撞上司，让上司的尊严当众受损，而小徐总是谦虚地向领导求教，尊重领导的决定。

只要尊重领导，领导就会对你有一个非常好的印象，你与领导之间也一定会建立起一种和谐融洽的上下级关系。这种关系的

确立对一个人来说很重要，它可能关系到你日后的职业发展。但是，在职场中，经常有人不知道如何尊重领导，他们认为只要不得罪领导就行了，致使其得不到提拔或者重用。

作为下属要自觉尊重领导，见了领导的面要先上前打招呼，把自己分内的工作漂亮地完成，及时向领导汇报自己的工作情况，与自己的领导有了矛盾不要当面顶撞，这样才可以取得领导的信任，才能获得领导在工作方面给予的帮助。

对领导应当尊重，但不可盲目顺从。

顺从领导，说的是无论正确与否，都无条件地听从领导的指令、安排和意见，无原则地执行其命令。这是下属对"尊重领导"的误解，反映的是下属不健康的心态，和下属对领导的迎合和奉承。

要做到尊重领导，就要端正态度，做到尊敬不怠慢，重视不轻视，积极不消极；就要把握角色定位，说话要有分寸，不要当众和领导过不去。

上司发火时不要当面顶撞

上司也是人，也有心情不好的时候，有时难免会发火。作为下属，当面顶撞上司的发怒行为是不理智的。

李强在一家商贸公司工作。一天，公司经理由于与外商谈判进行得非常不顺利，本来谈妥的事情又中途变卦。当他怒气冲冲地回到办公室，见到办公室乱七八糟，心情更加烦躁，不分青红

皂白就大骂起来。此时，李强正在不紧不慢地看报纸，以为领导是冲着他来的，加上平时就觉着领导好像对他有意见，心想：自己的工作做完了，看会儿报纸还挨臭骂。于是与经理争吵起来。另一位同事连忙过来，向经理问明了情况，经理此时也有些醒悟过来，直言对那位同事说："心情不好，不好意思。"但对李强却悻悻然，感到李强不懂事儿。

在领导发火时，要么采取不理不睬的政策，要么就主动上前，给他分忧解愁，切不可当面顶撞，那样是最不理智的。

因为如果你敢当面顶撞上司，会让上司非常难堪，也会有人学你的样子继续去和领导对着干，长此以往，领导就没有什么威信可言。另外，我们也应考虑这样的问题：你敢顶撞你的上司，你的下属也会和你顶撞，这样你会有什么感想？所以，即使领导再不对，也要讲究方式方法进行沟通、解决。

当然，公开场合受到不公正的批评、不应该的指责，会令自己难堪。特别是当你觉得上司的指责很没有道理的时候。在周围同事众目睽睽之下，你可能会为了自己的面子，失去冷静，反驳上司的批评以显示自己的无辜。这样的一时的快意"英雄"壮举，换取的可能仅仅是同事的一丝同情，留给上司的却是加倍的震怒和斥责，最终受害的还是你自己。

俗话说："忍一时风平浪静，退一步海阔天空。"把上司的一顿责骂就当是一场暴风雨，风暴过后自会平息，你又不曾损失什么，何不审时度势，选择回避。一名合格的下属就要学会压制自己的情绪与冲动，理智地看待是非，特别是在上司面前。

你可以一方面私下耐心作些解释，另一方面，用行动证明自己。当面顶撞可是不明智的做法。既然你都觉得自己下不了台，那反过来想想，如果你当面顶撞了上司，上司同样下不了台。如果你能在上司发其威风时给足他面子，起码能说明你大气、大度、理智、成熟。只要上司不是存心找你的茬，冷静下来他一定会反思，你的表现一定会给他留下深刻而难于磨灭的印象，他的心里一定会对你有歉疚之情。

另外，要想避免顶撞上司，平时可以寻找自然活泼的话题，令上司有机会充分地发表意见，你可以适当地作些补充，提一些问题。这样，上司便能自然而然地认识你的能力和价值。不要用上司不懂的技术性较强的术语进行交谈。否则，上司会觉得你在故意难为他，也可能觉得你的才干对他的职务会造成威胁，从而对你产生戒备，有意压制你。

毫无怨言地接受任务

毫无怨言地接受任务，就是不找借口，快速认真地依从上级指令完成任务。

相信你一定遇到过这样的问题：自己整天忙忙碌碌，忙前忙后，可是就没人注意到你；自认为工作能力强，很有见解，可总是得不到上级的赏识。其实，从某种意义上来讲，导致这种情况的原因很多，所以就需要从许多方面来改变这种状况。社会在发展，公司在成长，个人的职责范围也随之扩大。不要总是以"这不是我分内的工作"为由来逃避责任。当额外的工作指派到你头上时，不妨视之为一种机遇，毫无怨言地接受任务。

人不要太斤斤计较。因为你在一个地方付出了，就一定会在别的地方得到回报。

例如，在职场中，一个公司的成功要靠全体员工的努力，你要毫无怨言地接受任务。最完整的人事规章，最详细的职务说明书，都不可能把人应做的每件事讲得清清楚楚，有时会临时出现一些事，下属会临时接受一个工作任务。假如公司一位重要的客户要过来，为表诚意，公司要派人去接他，这是临时的事情，如被派的人是你，假如你说："凭什么要我去？我已经下班了，当时我来时，你们也没有讲过要这样做？"那只能证明你这个人爱斤斤计较，你在一个单位里是很难出头的。你要一口答应，一肩挑起，而且要毫无怨言。有时候上司也有难处，这种任务如果你毫无怨言地去做，你的上司会非常感激你，他即使当时不说，也会利用另外的机会表扬你、奖励你、回报你。

应把上级给你下达的任务看成是上级的考验和栽培，这也是表现你工作能力的时候。不管你接受的工作多么艰巨，你都要学会苦中求乐。即使鞠躬尽瘁也要做好，让上级满意。千万别表现出你做不来或不知从何入手的样子，这样上级会认为你没有能力，重用不得。

例如，一家公司推出一种新产品，需要销售人员配合市场人员，到第一线去了解客户对新产品的使用情况、需求状况和满意度，以及竞争对手的反应，并调查是否有替代品的出现等信息。然而，销售人员一个个都消极怠工，根本不按公司的要求去了解和收集信息，并振振有词地说："我们的工作就是销售产品，如果花时间在收集市场信息上，销售任务如何完成？"

销售人员最主要的任务是销售产品，这点没错。但绝不是蒙着眼睛瞎撞，而要"眼观六路，耳听八方"，随时掌握市场、客户、竞争对手的情况，并有义务和责任将这些信息第一时间反馈给公司，使公司及时调整和制定策略，以应对市场变化，从而有效地促进销售工作。毫无疑问，公司制定的任何策略，下达的任何任务，都是有指向、有目的、有原因的。如果实施每个任务前，下属都不能痛痛快快地去落实，公司的计划就无法实施，目标就不能实现。

在下属和上级的关系中，下属毫无怨言地接受任务是天经地义的。不讲条件，不问原因，不计较报酬，不折不扣地落实完成；无论遇到什么困难，遇到多大阻力，都应恪尽职守，想尽一切办法达到目标。下属服从上司的安排，是上下级开展工作、保持正常工作关系的前提，是融洽相处的一种默契，也是上司观察和评价自己下属的一个尺度。所以，作为下属，当下达给自己任务时，应该毫无怨言地接受。

不给自己找任何借口

"没有任何借口"，是沟通中最有效的语言，也是激励自己最有效的语言。

西点军校里有一个广为传诵的悠久传统，就是遇到军官问话，只有四种回答："报告长官，是！""报告长官，不是！""报

告长官，不知道！""报告长官，没有任何借口！"除此之外，不能多说一个字，这才是最有效的沟通方式。有统计表明，第二次世界大战后，在世界500强企业中，西点军校培养出来的董事长有1000多名，副董事长有2000多名，总经理、董事一级的有5000多名。任何商学院都没有培养出这么多优秀的经营管理人才。

"没有任何借口"是西点军校奉行的最重要的行为准则，它强化的是每一位学员想尽办法去完成任何一项任务，而不是为没有完成任务去寻找任何借口，哪怕看似合理的借口。其目的是为了让学员学会适应压力，培养他们不达目的不罢休的毅力。它让每一个学员懂得：工作中是没有任何借口的，失败是没有任何借口的，人生也没有任何借口。

在做事方面，不给自己找任何借口，看起来有点缺少人情味，有点虐待自己的感觉，但这的确可以激发一个人的潜能。无论你是谁，无论你做的是什么事，失败了也罢，做错了也罢，都不需要为自己找任何借口，因为再妙的借口对于事情本身也不会有什么改变。相反，不给自己找借口，可以让自己拥有毫不畏惧的决心、坚强的毅力、果断的执行力，以及在限定时间内去完成一项任务的信心和信念。

平时不要抱怨外在的一些看起来对自己不利的条件，要知道，当我们抱怨的时候，实际上就是在为自己找借口。找借口的唯一好处就是可以安慰自己："我做不到是可以原谅的。"但这种安慰是有害的，它会暗示自己："我克服不了这个客观条件造成的困难，算了，我放弃了。"在这种心理暗示的引导下，人就不再去思考克服困难和完成任务的方法，哪怕是只要改变一下角度就可以轻易做到的事情。不给自己寻找借口，是获得成功的必备心态。

但是，在生活和工作中，我们经常会听到这样或那样的借口。借口在我们的耳畔窃窃私语，告诉我们不能做某事或做不好某事的理由。上班迟到了，会有"路上堵车""手表停了""今天家里事太多"等借口；业务拓展不开、工作无业绩，会有"制度不行""政策不好"或"我已经尽力了"等借口；事情做砸了有借口，任务没完成有借口。只要用心去找，借口无处不在。做不好一件事情，完不成一项任务，有成千上万条借口在那儿等着你。借口就是一张敷衍别人、原谅自己的"挡箭牌"，就是一副掩饰弱点、推卸责任的"万能器"。有很多人都把宝贵的时间和精力放在了如何寻找一个合适的借口上，而忘记了自己的职责和责任。

在遇到问题或接到任务后，我们不应该寻找各种推脱的借口，应该大声说："我没有任何借口！"这一句话，胜过与人沟通或争辩的千言万语。

成功需要巧妙地推销自己

推销自己就是展示自己，这和吹嘘自己是完全不同的。

一个年轻人在网上看到一个适合自己的工作。年轻人把简历发过去，下午就收到了面试通知，公司让他第二天早上八点去面试。

第二天早上八点，年轻人赶到面试地点，却沮丧地发现前面

已有 35 个求职者了，他排在第 36 位。可见，这份工作是多么炙手可热，那么多的人都抢着要这份工作。年轻人想："如果我就这么等下去，说不定轮到我之前老板早已经确定人选了。"于是，他急中生智，拿出一张纸，在上面写了些字，恭敬地对工作人员说："不好意思，麻烦你马上把这张纸条交给你的老板，这非常重要。"

工作人员把纸条交给老板，老板一看，笑了，只见纸条上写着："考官大人，我排在队伍的第 36 位，在您看到我之前，请不要做决定。"因为这句话，老板对这个年轻的印象非常深刻，觉得他是一个很会推销自己的人，再加之招聘的岗位就是销售员，最后这个年轻人被公司聘用了。

这个故事告诉我们：成功需要推销自己。

在现代社会中，推销自己很重要。不论你从事何种职业，你同时也是一位推销自己的推销员，你随时都在向别人推销你的观点和意见，其主要目的就是使别人认同你、接受你、欣赏你。一个可以成功地向别人推销自己的人，也就具备了成功的基本条件。懂得推销自己，善于推销自己是我们必须掌握的一项生活技能。无论是为了实现自己的人生价值，还是为社会多作贡献，都应该做到勇于推销自己，善于推销自己。

要想很好地推销自己，可以参考以下建议：

1. 客观地介绍自己

在交际中，我们要如实地介绍自己，正确客观地评价自己，既要把自己的特长、各方面的能力和知识水平，如实而且恰到好处地介绍给别人，又要使别人能欣赏你的才能，并对你印象深刻，切不可羞涩、窘迫，或者夸夸其谈、自吹自擂。

2. 找准对象

推销自己之前，要找准对象，不可对牛弹琴。就拿感情来说吧，不管你多爱这个人，付出多少，如果他是个根本无法接受你的感情的人，再怎么推销也是没有用的。对老板也一样，如果你的老板就是不让你出头，表现再好，也只是白费力气罢了。

3. 注意衣着得体、态度诚恳

衣着的得体、态度的诚恳是攻关的"通行证"。"得体"就是着装适度，稍多修饰便是浮夸，稍减一些便见形秽；诚恳是为人处世的基本素质，是赢得人们信赖的应有态度，对于自我推销者十分重要。

4. 保持自信

自信是事业成功的基础，它既有别于自傲，更不同于自卑。在激烈的竞争中，要根据自身的条件，敢于进行角逐和竞争。一个人要取得成功的自我推销不能缺少自信，但是盲目自信或者自信过了头也会导致推销失败。因此，在推销自己时，要找到最佳的自信心理状态，以取得最好的效果。

5. 提高社会活动能力

社会活动能力和协调人际关系的能力是十分重要的，而有的人就是因为缺乏这方面的能力而难以应付推销过程中遇到的意想不到的问题，从而导致自我推销的失败。这要求在平时要多接触社会，多与人交往，多参加一些活动，以提高社会活动能力。

讲究沟通中的情感效应

情感是沟通艺术的"眼睛"，在语言中包含真情实感才能更好、更快地实现心灵相通。

哲学家布贝尔曾经说："人与人之间就是一种对话的关系，一种'我与你'的关系。"对话的过程就是主体之间的相互造就过程，对话的实质就是人与人之间在精神上的相通。布贝尔指的"对话"实际上就是情感沟通。

有这样一则故事。

大门上挂着一把坚实的大锁，铁杆费了九牛二虎之力，也无法将锁撬开。钥匙来了，瘦小的钥匙一下子就钻进锁孔，只见他轻轻一转身，大锁就"啪"的一声打开了。

铁杆奇怪地问："为什么我费了那么大力气也打不开，而你却轻而易举地就把它打开了呢？"

钥匙说："因为我最了解它的心。"

情感是一种催化剂，它可以加快、减缓或抵冲人际沟通的效应，因此，我们必须讲究沟通中的情感效应。

例如，在企业管理中，就需要融入情感，即所说的情感管理。这种管理方法就是管理者以真挚的情感，增强与员工之间的情感联系和思想沟通，满足员工的心理需求，形成和谐融洽的工作氛围的一种管理方式。

情感管理将企业目标与员工个人心理目标有机结合起来，在企业目标实现的同时，员工个人心理目标也得到实现。情感管理的宗旨就是为了协调企业与员工之间的利益矛盾，谋求企业与员工共同发展，为了一个共同的目标，促使员工自觉管理。

当今西方国家许多优秀企业都很重视加强情感管理，如为了尊重员工，摩托罗拉公司一方面不断致力于改善员工的工作环境，另一方面，也竭力促进员工的发展。同时，摩托罗拉公司高层管理人员都十分重视与员工的对话，强调企业与员工共同承担义务和责任。还有诺基亚的"以人为本"的管理理念，培育员工主人翁精神和自律性，形成同事间的相互比较、挑战自我的环境等做法，都是很好的例子。

企业管理者在处理企业与员工的关系时，如果能恰如其分地将情感融入其中，可以大大缩小企业与员工的心理距离。在与员工的接触中，言行一定要发自于心，这样才能加强感情沟通，培养一种亲密、信任的人际关系，建立一种敬业和谐的合作氛围。企业管理者善于进行充满人情味的情感管理，就是为企业注入减少内耗、理顺人际关系的润滑剂。

同样，个人在求职面试时，如果应聘者能运用一定的表达技巧，促成与招聘方之间的情感交流，将对面试结果产生积极的影响。

我们来看下面的这个事例。

某机关由于工作需要，公开招聘一名文秘。在招聘会上，前来应聘的人很多，该机关的人事处长亲自主持面试。一位政治教育专业的研究生也前来应聘，他希望能抓住这次机会。在此之前，他了解到这位人事处长的经历也很坎坷——出生在贫困山区，曾当过民办教师，后苦读自学考入大学，被分配到机关工作。相比较而言，研究生觉得他与自己有着相似的经历。

当轮到这位研究生面试时，他说："请允许我先说说我的经历。我1990年就参加工作了。那时我刚中师毕业，在乡村当教师，我一心一意教乡下的孩子。虽然在教学，但在学业上我没有停顿，我通过自学获得了大专学历。后来，我觉得那份工作未能让我充分发挥自己的才能，于是决定考研。在完成教学任务的同时，我凭着自己的毅力，每天几乎只睡三四个小时，靠着极强的学习能力自学完所有课程，最后考取了研究生。"

在解答"你的专业不对口"这个问题时，他说："也许专业并不是最大的障碍，我认为最重要的是一个人不断学习的能力，我的经历表明我具有接受新事物、不断进取的个性特点。我相信自己可以做好这份工作。"

一周之后，他接到了录用通知书。事后，那位人事处长告诉他："你的经历，使我看到了自己，我想录用你，也促使我说服别人录用了你。"

从中我们可以看出，这位研究生在面试过程中，充分利用了一切可以利用的因素，尤其是运用自己与人事处长相似的经历，拨动了人事处长的心弦，成功地勾起了对方的回忆，从而形成了心灵共鸣，才促使招聘方最终选择了他。

|第六章|

沟通礼仪与电话沟通

在与他人的沟通中，礼仪是对他人的一种尊重，也是一个人有修养的表现。可以说，没有礼仪的沟通则不能称其为沟通。在沟通中，电话沟通也能体现一个人语言和礼仪的运用，其语气、语调、语感等都需要我们恰如其分地表达。

掌握出入电梯的标准顺序

掌握出入电梯的标准顺序，就能使你避免行为损失，无形之中提高了个人的层次和修养。这是一种无形的沟通。

现在的高楼、大厦、宾馆、酒店一般都有电梯。假如你是主人或陪同人员，或是与陌生人一起乘坐电梯时，出入电梯的标准顺序是什么？主人和客人应该怎么走？乘坐电梯有什么讲究？有些人很少考虑这些问题，其实，进出电梯也是一种重要的礼仪，在这方面确实有一些规矩。

在乘坐电梯时，要求单行右站，不要并排。与不相识者同乘电梯，进入时要讲先来后到，出来时则应按照由外而里依次而出，不可争先恐后。与熟人同乘电梯时，尤其是与长辈、女士、客人或领导同乘电梯时，则应视电梯类别而定。

1. 出入无人控制的电梯

出入无人控制的电梯时，陪同人员应先进后出并控制好开关按钮。第一考虑是安全，电梯门一打开，首先要确认里面有没有特殊情况，如底板是否上来等。第二考虑是方便。有些电梯设定的程序一般是30秒或者45秒，时间一到，电梯就走。有时陪同的客人较多，就会导致夹住后面的客人，或是让后面的客人来不及进电梯。所以，陪同人员应先进入电梯，控制好开关钮，让电梯门保持较长的开启时间，让客人进去方便，不会有被夹的危险，同时可以更方便帮客人按楼层。此外，如果有个别客人动作缓慢，影响了其他客人，我们在公共场合不应该高声喧哗，可以利用电梯的叫铃功能提醒客人。

2. 出入有人控制的电梯

在出入有人控制的电梯时，一般应该客人先进先出，陪同者应后进去后出来。把选择方向的权利让给地位高的人或客人，这是走路的一个基本规则。当然，如果客人初次光临，对地形不熟悉，我们还是应该为他指引方向。但如果感觉电梯里可能会超员的时候，就要请客人先上，如果陪同者上电梯后超员的铃声响起，陪同人员不要强行挤入，应该迅速地出来。

所以说，进出电梯的顺序不是绝对的，要视当时的具体情况而定。

握手也是一种沟通

握手比说您好"或"很高兴见到您"之类的泛泛问候更有意义。

握手作为一项最基本的社交礼仪，其传达的意义可以非常丰富，可是如果不掌握握手的礼仪与技巧，那就只能代表一种程式化的程序。作为一种常规礼节，握手的具体方式颇有讲究：

1. 握手的神态

与他人握手时，要保持热情和自信。神态专注、认真、友好，目视对方双眼，面含笑容，并且同时问候对方。如果以过于严肃、冷漠、敷衍了事或者以缺乏自信的态度同对方握手，对方会认为你对其不够尊重或不感兴趣。

2. 握手的力度

握手的时候，用力要适中。若用力过轻，有怠慢对方之嫌；不看对象而用力过重，则会使对方难以接受而生反感，产生不安全感。尤其是有个别人，为了显示自己的清高，只伸出手指尖与人握手，而且一点力也不用，这种做法也有失妥当，让人觉得冷漠、敷衍。

3. 握手的姿势

与人握手时，一般均应起身站立，迎向对方，在距其约1米伸出右手，握住对方的右手手掌，稍许上下晃动一两下，并且令其垂直于地面。手心向下的握手，是表达统治欲的握手；用左手包住握手者的手腕部，表现统治欲强；用左手包住握手者的指尖部，表现出给予安抚或者支持的态度。最重要的是，握手的时候一定要手掌和手掌相接触，这比用力去握手更重要。手掌相触的握手方式让人觉得诚恳而且心胸开阔，和这样的人打交道会觉得很放心，没有威胁。

4. 握手的顺序

地位较高的人通常先伸出手，但是地位较低的人必须主动走到对方面前；年龄较长的人通常先伸出手；女士通常先伸出手。对于销售代表来说，无论客户年长与否、职务高低或者性别如何，都要等客户先伸出手。当一个人有必要与多人一一握手时，既可以由"尊"而"卑"地依次进行，也可以由近而远地逐渐进行。

5. 握手的时间

有人喜欢握着别人的手问长问短，啰唆个没完没了，这看似热情，实则过分。如果面对的是异性客户，握手的时间要相对缩短；如果面对的是同性客户，为了表示热情，可以紧握对方双手较长时间，但是时间不要太长。一般来讲，在普通场合与别人握手所用的时间以 3 秒钟左右为宜。

6. 握手的禁忌

与人握手时，要注意避免出现以下禁忌：

★不要用左手与人握手。握手宜用右手，用以左手握手被普遍认为是失礼之举。

★不要以脏手与人握手。在一般情况下，用以与人相握的手应干干净净。以脏手、病手与人相握，都是不应当的。

★不要戴着墨镜与人握手。在握手时一定要提前摘下墨镜，不然就有防人之嫌。

★不要用双手与人握手。双手紧夹着他人的手不放。这种做法也是不妥当的。当然，并不是说这种方式一概不能用，故友重逢，或对他人进行慰问时，可以用双手握，但不能夹得太紧，像捉鱼一样便不合适了。

★不要交叉握手。尤其是和西方人打交道，因为交叉会形成十字架图案，西方人认为这是最不吉利的事。

★握手时不要戴着手套。握手时，必须把手套摘下来。在有些地方，女士被允许戴手套与人握手，其实，摘下手套更不失身份。

使用称呼就高不就低

在人际交往中，选择正确、适当的称呼，反映着自身的教养、对对方尊敬的程度，甚至还体现着双方关系发展所达到的程度和

社会风尚。因此，对称呼不能随便乱用。

在人际交往中，尤其应注意使用称呼要坚持就高不就低的原则。例如，某人在介绍一位教授时会说："这是……大学的……老师。"学生尊称自己的导师为老师，同行之间也可以互称老师。有这方面经验的人，在介绍他人时往往会用受人尊敬的称呼，这就是"就高不就低"。

在介绍某人的身份时，要介绍他的最高职位或者学术头衔，不能用笼统的概念性的语言介绍。

在使用职称称呼时，一般在较为正式的官方活动、政府活动、公司活动、学术性活动中使用，以示身份有别、敬意有加，就需要就高不就低。对于有专业技术职称的人，可用职称相称。具体来说分三种情况：

★仅称职称，如律师、教授、工程师等。

★在职称前加姓氏，如刘主编、王律师、张工程师等。

★在职称前加姓名，适合于正式的场合，如张某某教授、李某某研究员等。

如果到某一职业技术学院求一位教授办事，院长给你介绍这是李老师，这时候还是称呼他为李教授来得更合适。老师是职业，教授是地位，称呼教授表示尊重。

在与客户的沟通中，要注意称号的正确使用。如果客户身兼多职，此时最明智的做法就是使用让对方感到最被尊敬的称呼，即选择职务更高的称呼。

另外，称呼副职时要巧妙变通。如"处长""教授"可用于面称，"副处长""副教授"一般不用于面称，如要当面称呼，一般去掉"副"字，除非对方特别强调。另外，一定要看准场合。如果只有副职和比他职位低的同事在场，一定要省去"副"字，比如张副局长直接称张局长，显示对对方的尊重。把某位副职领导介绍给他人时，如果正职不在场，既要明确表示职位，又要显示尊敬，不妨称谓"这位是副主任杨某某杨主任"。如果有正职在场，所有副职一定要注意加上"副"字，否则会自讨苦吃。

正确称呼的重要性

称呼指的是人们在日常交往应酬之中，所采用的彼此之间的称谓语。在人际交往中，弄明白如何称呼对方，非常有必要。

对自己的亲属，一般应按约定俗成的称谓称呼，但有时为了表示亲切，不必拘泥于称谓的标准。如对公公、婆婆、岳父、岳母都应称为"爸爸""妈妈"。

朋友、熟人间的称呼，既要亲切友好，又要不失敬意，一般可通称为"你""您"，或视年龄大小在姓氏前加"老""小"相称，如"老王""小李"等。

在商务会面中，最正式的称呼有三种，即应当称呼交往对象的行政职务、技术职称，或是其泛尊称。泛尊称，指的是先生、小姐、夫人一类可广泛使用的尊称。在商务会面中，不适当的称呼主要有：其一，无称呼；其二，不适当的俗称；其三，不适当的简称；其四，地方性称呼。

在我国，不论对何种职业、年龄、地位的人都可称做"同志"；但要注意，我国的港、澳、台地区的朋友见面时一般不用此称呼。

合适的衣着是一种无声的语言

衣着的不同，明显地影响着人们对不同地位、不同身份、不同群体的认知。

一个人的衣着往往能反映出他的个性和爱好。一个和你初次会面的人，往往会不自觉地根据你的衣着判断你的为人，对你产生好恶。服饰展示了一个人的形象和风度，在人际交往中必须注意自己的服饰问题，服饰要整洁、得体，要体现出自己的个性，形成自己的人格风度。

在人际交往中，衣着本身是不会说话的，它是一种无声的语言，但人们常在特定的情境中以穿某种衣着来表达心中的思想和建议要求。在沟通中，人们总是恰当地选择与环境、场合和对手相称的服装衣着。同样一个人，穿着打扮不同，给人留下的印象也完全不同，对交往对象也会产生不同的影响。

例如，在人们眼里，护士往往就是"天使"。护士衣着整洁是缩短医患距离的基础，并可以展示护士群体素质和美感，塑造护士职业的美好形象。只有这样，才能使患者更有安全感、尊敬感，并愿意交谈。

有位营销专家做过一个实验，他本人以不同的打扮出现在同一地点。当他身穿西服以绅士模样出现时，无论是向他问路或问时间的人，大多彬彬有礼，而且本身看来基本上是绅士阶层的人；当他打扮成无业游民时，接近他的多半是流浪汉，或是来找火借烟的。

外表形象要注意分寸和场合。外表形象常常非常确切地向人们显示了他是谁，他的自我感觉如何。衣着怪异、领带污迹斑斑、衬衣一角外露等，一切不修边幅或刻意标新立异的行为，都会毫不客气地把你的坏形象暴露无遗。衣着过于随便是一个人个性的体现，而人们很容易从衣着不整得出一个思维也草率的结论。

合适的衣着是美的心灵的体现，是对社会和其他人的尊重。如果一个人的服饰不符合一定场合的要求，是会引起误会的。一家效益很好的大型企业的厂长某日在车间里正参加劳动，忽闻某国家公司的经理不期而至。这位精明强干的厂长为了表示友好之意，连满身油污的工作服都没顾得上去换，便驱车前往机场迎接。那位经理见到这位厂长上下打量了半天，非常不满意。他表示：一位连自己的衣着都"管理"不好的厂长，是不能治理好一家大企业的。后来经过解释，这个误会才得以消除。可见衣着在交际场合中的重要性。

在正式场合，穿着运动服、牛仔服或沙滩装是不允许的。业余时间里，穿夹克衫、运动服、牛仔服以及羊毛衫都是可以的，但不要过于随便或刻意追求式样的奇特与花哨。要注意上班服装与休闲服装的区别。要注意自己的年龄与身份。得体的衣着不但会有助于显现我们的气质与风度，而且会帮助我们与别人进行有效地沟通，并有助于在事业上取得成功。

递接名片要得体

当你更换工作、地址、联系方式等相关资料时，别忘了给你的老朋友送上你的新名片。

名片是人们交往结识的工具，它的作用在于向对方介绍说明自己的身份，便于今后通信联络。名片已成为当前人们社交活动的重要工具，而递接名片这样一个小小的动作也应该引起我们的注意，要运用得体才好。

1. 递名片

★提前将名片放在易于掏出的口袋或皮包里，不要把自己的名片和他人的名片或其他杂物混在一起，以免用时手忙脚乱或掏错。

★最好起身站立，走上前去，使用双手或者右手，将名片正面面对对方，交予对方。切勿以左手递交名片，不要将名片背面面对对方或是颠倒着面对对方，不要将名片举得高于胸部，不要以手指夹着名片给人。

★若你的名片有中英文两面，要根据对方所使用的语言来决定名片递出时的方向。若对方是少数民族或外宾，则最好将名片上印有对方认得的文字的那一面面对对方。

★递交时目光注视对方，面带微笑，大方地说"请多关照""今后保持联系"等话语。

★给多人递名片时，应讲究先后次序，或由近而远，或由尊而卑，一定要依次进行。切勿挑三拣四，采用"跳跃式"。

★名片的递送应在介绍之后，在尚未弄清对方身份时，不应急于递送名片，更不要把名片视同传单随便散发。

★如需要当场将自己的名片递过去，最好在收好对方名片后再做，不要左右开弓，一来一往同时进行。

★递送名片的时机，可以根据交往的需要和双方关系的发展来确定。有两个做法可以参考：一是和对方谈得比较融洽时，对方表示了愿意和你建立联系的意思，这时要不失时机地递上名片；二是在握手告别时，可以顺手取出名片递给对方，表示再次相会和进一步交往的愿望，这样会加深对方的印象，促进双方的交往。

2. 接名片

★接受名片时，一定要恭敬和面带微笑。双手接过名片时应说"谢谢"，重复对方所使用的谦辞敬语，如"请多关照""请多指教"等。

★用右手去接对方的名片，左手拿自己的名片夹。接完之后，当即要用半分钟左右的时间，从头至尾将其默读一遍。若接过他人名片看也不看，或手头把玩，或弃之桌上，或装入衣袋，或交予他人，都算失礼。

★将对方的姓名职衔念出声来，并抬头看看对方的脸，使对方产生一种受重视的满足感。

★如果对方有两人以上，应将他们的名片排好，并按照名片的顺序，分别与他们进行交谈。

★如身上未带名片，应向对方表示歉意，并主动地介绍自己。

★在对方离去之前，或话题尚未结束，不必急于将对方的名片收藏起来。

★名片不可以随意摆弄或扔在桌子上，也不要随便地塞在口袋里或丢在包里，应放在西服左胸的内衣袋或名片夹里，以示尊重。

★不要当着对方的面在其名片上做交谈笔录。

★名片是人的颜面的代表，应给予相当的尊重。如果对方没有递送或交换名片的意思，就不要去要。

★应把对方的名片认真收起来放好，然后再向对方致意告辞。

看名片知对方

交换名片时，可以从以下几点看出名片持有者的地位、身份以及国内外交往的经验和社交圈的大小。

1. 名片是否涂改

名片如同人的脸面，不能随便涂改。如果名片有涂改，说明这个人不懂得社交礼仪。

2. 是否头衔林立

名片上往往只提供一个头衔，最多两个，如果头衔有两个以上，说明这个人爱炫耀自己。如果你身兼数职，或者办了好多公司，那么你应该印几种名片，面对不同交往对象，使用不同的名片。

3. 是否印有住宅电话

人在社交场合都会有自我保护意识，私宅电话是不给的，甚至手机号码也不给。如果名片上印有住宅电话，说明对方缺乏自我保护意识，也说明很少与西方人打交道。西方人讲公私有别，特别在乎这一点，他们是不会把家的电话号码随意告诉别人的。

4. 座机号是否有国家和地区代码

如要进行国际贸易，座机号码前面应有 86 这一我国的国际长途区号，如果没有，那么说明对方没有国际客户关系，如果没有地区代码，说明对方只在本区域内活动。

电话沟通要保持良好的心情

满怀喜悦之情，微笑着面对任何一个电话，就能给对方和自己一个意想不到的惊喜。

接打电话时，我们要保持良好的心情，才能给对方留下良好的印象。对方即使看不见，也能够从欢快的语调中感觉得到。

很多人认为电话只能传达声音，只要不在电话里吵架就行，因为对方不可能从电话中看见我们在做什么。但是，换个角度来看，我们自己都有这样的体会，就是往往能够从电话里判断出，电话线那头是个什么样的人，这就是声音的作用。我们可以让其他人试听我们的声音，不同的心境，发出的声音都会有所不同。

也许在接打电话的时候，你很诚恳，但如果带着一种不愉快的心情去对话，表情就会机械没活力，那么，对方从电话里听到的声音，也只会是平淡的、呆板的、冷冰冰的。

专家发现，女性在对着镜子说话时，都会很自然地保持微笑，而此时的声音则显得更加悦耳、亲切。于是，在一些大公司的总机或者前台，管理者有意在接线员的桌上放置一面镜子，用以提醒员工时刻用镜子检查自己，在接听电话的时候保持自然的微笑，然后通过语言把这一友好的信息传递出去。

心情能够影响一个人的整个行动表现，人们做的每一件事情都感染着某种情绪的色彩。如果每一天都能保持一份快乐的心情，

那么，我们每天都是快乐和充实的；如果每一天都想着自己的生活有多么糟糕，那么，我们每天也都是糟糕的。

这里，有一种获取快乐心情的最简单有效的方法：装出一份好心情。

有一天，胡先生感到非常悲观丧气。情绪欠佳的时候，他总是一个人躲在房间里，对任何人都避而不见，直到这种心情慢慢消散为止。但这天他要和上司举行重要会议，没有办法单独一个人待着，所以他决定装出一副快乐的心情。他在会议上谈笑风生，装成心情愉快而又和蔼可亲的样子。令他意外的是，不久他发现自己果真不再抑郁不振了。

胡先生并不知道，他无意中采用了心理学研究方面的一项重要原理：人装着有某种心情，往往能帮助自己获得这种感受——在困境中有自信心，在不如意时变得快乐。

所以，接打电话的时候，即使自己心情很不好，也不要让自己不佳的情绪影响说话的态度，从而使对方感到不舒服。可以试着去想想能够让自己感到开心的事情，假装出一份好心情，保持一种喜悦的心情，那样对方就能够感受到你的喜悦，受到感染，这样，对方也会报之以同样的好心情。

接打电话时要注意姿势与语调

接打电话时，除了要有愉悦的心情外，保持端正的坐姿或站姿及得体的语调，更能显示说话人的职业风度和可亲的性格。

有人认为，电波只是传播声音，接打电话时完全可以不注意姿势、声调，这种想法是大错特错的。

无论在哪里接打电话，都要保持端正的坐姿或站姿，仪态文雅、庄重，保持殷勤、谦恭的态度，面带微笑与对方友好通话。把电话机移向自己身边时，不要伸手猛拉过来抱在怀里，夹在脖子上通话；不要在听电话时与旁人打招呼、说话或小声议论某些问题；如遇接电话时房内有许多人正在聊天，可先请他们停下来，然后再接电话；不要拉着电话线，走来走去地通话；不要坐在桌角、趴在沙发上或是把双腿高抬到桌面上，与对方通话；也不可以边接打电话边嚼口香糖或吃东西。

这些举止不仅要自律，而且更重要的是这些不好的举止，完全能让对方从声音中感觉得出来。因为这些情况下发出的声音或反应，是和普通状态下完全不一样的。接打电话的时候，如果弯着腰或躺在椅子上，对方听你的声音就会是懒散的，无精打采的；若坐姿端正，身体挺直，发出的声音就会亲切悦耳，充满活力。因此，接打电话时，即使看不见对方，也要当作对方就在眼前，尽可能注意自己的姿势。

接打电话时，除了保持正确的姿势，得体的语调也同样很重要。在这方面，漫不经心、随随便便、过分放任自己的态度，都是极其不真诚的。

双方的诚实恳切，都饱含于说话声中，如果语调不准，对方就不易听清楚；如果声音粗大，会让人误解为盛气凌人，产生误会。因此，我们需要用温雅有礼的声音，诚恳地表达出自己的意思来。另外，用清晰而愉快的语调接打电话，更能显示出说话人的职业

风度和可亲的性格。讲话时抬头挺胸，伸直脊背，态度的好坏，都会表现在语言之中。如果道歉时不低下头，歉意便不能伴随言语传达给对方。

得体的语调，并不是从头到尾保持一成不变的速度和节奏，而是应根据内容的重要性、难易度，以及对方的注意力情况，起伏而不夸张，自然而不做作。富于感情变化的抑扬顿挫，要比平淡地表达出来要好得多。就拿语调来说，同样的句子，用不同的语调处理，就可以表达不同的感情，收到不同的效果。

使用上扬的语调容易给对方造成悬念，提高他的兴趣，但若持续时间过长就会引起疲劳。而降调能够表现说话人的果敢决断，但有时也会显示主观武断。比如，当被问到"是否能完成一件比较困难的工作"时，用中等速度适当提高音量回答"我可以试试"，与用慢速轻声回答"我大概可以试试"，给人的感觉就会大不一样。前者充满自信，而后者会让人感到缺乏信心。

接听电话要把握好的原则

在接电话时，最好在铃响两声后、三声之内拿起话筒接听。

现代工作人员业务繁忙，桌上往往会有两三部电话，听到电话铃声，应准确迅速地拿起听筒，接听电话。要做到这一点，就要把握好以下原则：

★电话铃声响起后，应尽快接听，以长途电话为优先。

★不要让别人代劳，尤其不要让小孩子接电话。

★铃声响过一次，就拿起听筒。这样会令对方觉得突然，而且容易引起通信系统失误而无法通话。

★若长时间无人接电话，或让对方久等都是不礼貌的行为。对方在等待时，心里会十分急躁，也会给对方留下不好的印象。因此，即便电话离自己很远，听到电话铃声后，也应该用最快的速度拿起听筒。

★如果电话铃响了五声后才拿起话筒，应该先向对方道歉。若电话响了许久，接起电话只是"喂"了一声，对方会十分不满，会给对方留下不好的印象。

★在会晤重要客人或举行会议期间有人打来电话，可向其说明原因，表示歉意，并承诺事后再联系。

★接听电话时，千万不要不理睬另一个打进来的电话。可对正在通话的一方说明原因，要其稍候片刻，然后立即去接另一个电话。待接通之后，先请对方稍候，或过一会儿再请打进来，随后再继续先前正在打的电话。

★如果在接电话时不得不中止电话而去查阅一些资料时，应当动作迅速，还可以有礼貌地向对方说："您是稍候片刻，还是过一会儿我再给您打过去？"如果查阅资料的时间超过所预料的时间，应当每隔一会儿就拿起电话，向对方说明进展。例如，你可以说："先生，我快替您找完了，请您再稍候片刻。"当你查找完毕，重新拿起电话时，可以说句"对不起，让您久等了"。

★让对方等候时，你可以按下等候键。如果你的电话没有等候键，就把话筒轻轻地放在桌子上。

★接到误拨进来的电话，应当耐心地告诉对方拨错了电话，而不能冷冰冰地说"打错了"，就把电话用力挂上。

★接电话时，不能发怒，恶语相加，甚至出口伤人。

★不论多忙多累，都不能成为拔下电话线找清静的理由。

★通话因故暂时中断后，要耐心等候对方再拨进来。

挂电话也要有礼貌

挂电话前，向对方说声"请您多多指教""抱歉，在百忙中打扰您了"等，会给对方留下好印象。

电话已经成为我们日常生活和工作中必不可少的一部分，很多人天天都会接打电话，但对于通话结束后怎么挂电话这个问题，很多人并不知道。也许大部分人会这样想：谁先打电话的，就谁先挂电话。其实不然，懂得如何挂电话这个小小的细节，可以提升自己的个人修养。养成良好的挂电话习惯，更有助于提升个人魅力。

例如，销售员在客人问完所有的问题，已经作了详尽的回答之后，双方通话就要结束的时候，千万不要说"如果没有其他的事，那就这样吧"，以此催促客人结束谈话，表现出你的不耐烦。记住，要尽量向客人表现出你的关心，可以说："先生，您看除此之外，您还需要其他什么服务吗？"或"先生，我一定在今天下午三点之前，把您所提到的一切要求以书面传真给您确认"。如果客人真的没有其他的要求，他会主动结束谈话。

在对方还在说话时就挂断电话，是非常不礼貌的，一定要等

到对方把话说完之后才可以挂电话。电话交谈完毕时，要让对方感受到你非常乐意帮忙，并尽量让对方结束对话，然后彼此客气地道别，这个时候就应有明确的结束语，说一声"谢谢""再见"，再轻轻挂上电话，不可只管自己讲完就挂断电话。若确实需要自己来结束电话，应当解释一下。

电话沟通后，一定要让对方先挂电话，这是对别人的一种尊重。待对方说完"再见"后，等待 2 ~ 3 秒钟才能轻轻挂断电话。假如，你是一个集团的分公司经理，给总部打电话，恰好接电话的是一个小职员。虽然从职位上来讲，你比小职员高很多，但作为总部和分公司之间的领导性质关系来说，让对方先挂电话，更能体现出你的职场修养及领导风范。

同时，挂电话的一些基本礼仪常识也要牢记：与异性互通电话后，作为男方从礼节上，理应先让女方挂电话，这显示出你对对方的一种关心及尊重，也会加深对方对你的良好印象；上下级或长辈与晚辈之间通话时，应由上级或长辈先挂断电话；如果是同事或朋友之间打电话，那么谁先拨叫对方就由谁先挂断。

挂电话时要慢要轻。无论通话多么完美得体，如果最后毛毛躁躁"咔嚓"一声挂断电话，则会功亏一篑。

因此，结束通话时，应慢慢地、轻轻地挂断电话，不要嘟嘟囔囔，更不要采用粗暴的举动，拿电话机撒气。

有的人或许认为挂电话的声音不大，但是经过电话线的传递，电话那头听起来的声音可能远比自己认为的声音大出了数倍。

如果对方听到你放置话筒产生的刺耳声音，首先，感到的是你对这次谈话或交谈者不满或者不耐烦，于是，对之前谈话你所

表现出来的诚意及良好印象就会大打折扣；其次，会让对方觉得你在处理事情时，较为粗枝大叶，对你的信任度就会大大降低。

把握好打电话的时间

只有在适宜的时候打电话，才会事半功倍。

打电话若不考虑时间问题，往往便会引起一些不必要的麻烦。打电话时，应该根据接电话的人的工作时间、生活习惯选好打电话的时间。关于打电话的时间问题，要注意两个要点：一是什么时候打电话比较合适；二是打多久比较好。

1. 什么时候打电话

按照惯例，通话的最佳时间有两点：一是双方预先约定的时间，二是对方方便的时间。双方预定的时间没必要再解释了。那什么是对方方便的时间呢？也就是不忙的时间。

以下是几个主要职业的人士比较忙或空闲的时间段：

会计师最忙是初头和末尾；医生最忙是上午，下雨天比较空闲；销售人员最闲的日子是热天、雨天或冷天，或者上午9点前下午4点后；行政人员10点半后到下午3点最忙；公务员最适合的时间是上班时间，但不要在午饭前后和下班前半小时进行打扰；教师最适合的时间是放学的时候；家庭主妇最适合的时间早上10点到11点；忙碌的高层人士最适合的时间是早上8点前和下午5点后。

另外，一般的公务电话最好避开临近下班的时间，因为这个时候打电话，对方往往急于下班，答复就有可能不是很全面。公务电话也不宜在对方节假日、休息时间和用餐时拨打，以免影响他人休息，即使客户已将家中的电话号码告诉你，也尽量不要往家中打电话。私人电话也最好不要占用对方上班时间。另外，要有意识地避开对方通话的高峰时段、业务繁忙时段、生理厌倦时段，这样通话效果会更好。

在早晨9：00以前、晚上9：00以后以及吃饭的时候不要打电话。如果有急事，必须在这个时间打电话，不仅要讲清楚原因，而且一定要先说："对不起，这么早给您打电话。""这么晚打电话，打搅您了。"要礼貌地征询对方，是否有时间或是否方便接听。如果对方有约会恰巧要外出，或刚好有客人在的时候，就应该礼貌地说清下次通话的时间，然后再挂上电话。

打电话时，要搞清地区时差以及各国工作时间的差异，否则容易出洋相。比如，当中国正是中午的时候，美国那边已经是晚上了。这个时候电话如果打过去，就会影响别人的休息，是不可取的。

那种不懂时机乱打电话的人，很难与人达到一个好的沟通效果，也不会留下什么好印象。

2. 通话长度

一般情况下，每次通话的具体长度都要有所控制。一般电话礼仪规范中强调"三分钟原则"，这个原则是"以短为佳，宁短勿长"的具体体现。这就要求在打电话时，拨打电话人应当自觉地、有意识地将每次通话的长度，限定在三分钟之内，尽量不要超过这一限定。

许多人打电话，无论熟悉还是不熟悉，也无论对方正在做什么，都会不停地说，最后弄得不欢而散。因此，当别人正在忙碌或有其他事时，我们应该注重一旦把要传达的信息说完，就要果断地终止通话。按照电话礼节，应该由打电话的人终止通话，因此，不要话已讲完，依旧反复铺陈，再三絮叨，这会让人觉得做事拖拖拉拉，缺少素养。不论彼此双方关系如何、熟识到哪种程度，都要合理把握通话时间，不要疏忽大意。如果通话时间比较长，通话开始前就要先征求一下对方的意见，通话结束的时候还要表示歉意。

电话沟通的要点

电话沟通，互不见面，语言是唯一的信息载体。如果说"文如其人"，那么，不妨也可以说"话如其人"。所以，掌握电话沟通时的要点是有必要的。

在日常工作和生活中，人们每天往往要通过接打电话办理事务、联络感情。如何接打电话，是每一个人应该掌握的基本常识。一个人不管是在单位还是在家里，从其在电话里讲话的方式方法，就可以基本上判断出其礼仪水准。

接打电话是一门艺术，主要是体现在语言的表述上。为了艺术地接打电话，或者说礼貌地接打电话，我们要注意以下要点：

★准备好通话内容。大凡重要的电话，通话之前应做充分的准备，这样既可以节约时间又可以抓住重点，条理分明。

★如果是对方打来电话，首先应确认对方身份，了解对方来电的目的。如自己无法处理，也应认真记录下来，还可以委婉地探求对方来电目的，这样可以不误事而且赢得对方的好感。

★电话交谈中，要多用雅语、敬语、得体恰当的礼貌用语，彼此恭谨致意，会让双方都感到愉快。一般由打电话的一方先提出结束谈话，致告别语。对方如果是长辈、上级、外宾或女性，要请对方先放下电话筒。如果来电话的人谈话太啰唆，总是聊些无关紧要的事情，你可以有礼貌地说："对不起，我有些事情要去办，以后再谈好吗？"或说："我们改日再聊，行吗？"

★在通话过程中，为了使对方知道自己一直在倾听，或表示理解与同意，应时不时地轻声说些"对""好"之类的短语。

★对对方提出的问题应耐心倾听；让对方表示意见时，应让他能适度地畅所欲言，除非不得已，否则不要插嘴。期间可以通过提问来探究对方的需求与问题。注重倾听与理解、抱有同情心、建立亲和力是有效电话沟通的关键。

★接到责难或批评性的电话时，应委婉解说，并向其表示歉意或谢意，不可与对方争辩。

★上班时间打来的电话，几乎都与工作有关，所以，公司的每个电话都十分重要，不可敷衍，即使对方要找的人不在，切忌粗率答复"他不在"即将电话挂断。可以请对方留下电话号码，等被找的人回来，立即通知他给对方回电话。接电话时也要尽可能问清事由，避免误事。对方查询本部门电话号码时，应迅即查找，不要说不知道。

★电话交谈时，应将事项完整地交代清楚，以增加对方认同，不可敷衍了事。

★为了防止听错电话内容，对对方的谈话可作必要的重复，重要的内容应简明扼要地记录下来，如时间、地点、联系事宜、需要解决的问题等。对容易混淆、难于分辨的词语要加倍注意，放慢速度，清晰地发音。

★如果通话过程中，需要对方等待，接听者必须说"对不起，请您稍等一下"，之后要说出让他等候的理由，以免因等候而着急。再次接听电话时，必须向对方道歉："对不起，让您久等了。"如果让对方等待时间较长，接听人应该告知理由，并请他先挂掉电话，待处理完后，再拨电话过去。

★不要在电话里"拿架子""打官腔"，不要让对方感到受到了轻视，无论对谁都应一视同仁，这样才能为自己赢得声誉。

★打电话时，必须确认对方的电话号码。如果不小心打错了，一定要道歉，然后仔细检查是哪个号码错了。

★尽量不要使用简略语、专用语。因为专用语仅限于行业内使用，不一定每一个人都知道。有的人不以为然，得意洋洋地乱用简称、术语，这会给对方留下故意卖弄的印象。

第七章

良好的沟通可使生活顺心顺意

在生活中，我们需要亲情的呵护与温暖，我们需要爱情的甜美与相守，我们需要友情的相知与关怀。这些美好的情感怎样才能与我们相依相随呢？这需要我们主动与身边亲密的家人和朋友进行沟通与交流。沟通得好，我们的生活才会顺心顺意。

给爱情保鲜，生活永远都美丽

掌握一些爱情保鲜的绝招，在恋爱中熟练运用，就会把爱情变得更加香甜。

初恋的激情过后，爱情常常随着时间的侵蚀变得淡而无味。聪明的人应该是爱情的厨师，知道适时地在生活中加入酸甜苦辣的调味品，学会让爱情变成美丽的童话。

调适爱情，以下小窍门要掌握：

1. 保持神秘感

不管你对他多么来电，切忌表现得太过急躁，让他永远对你保持好奇心，才是维持恋情常温之道。不管你仅仅认识他10分钟，还是已长达10年，适当地保留一些小秘密，将会让你的生活充满意外的惊喜。

2. 每天吻对方多一些

爱人间的肌肤亲昵是维系感情的重要部分。如果在清晨出门前，给对方一个悠长的甜吻，对方会一天都记得你的味道，好像你从没离开过似的。

当然越是多年的夫妻，越应该在接吻上多用点儿心思。如果你是女人，你要知道，一般说来，视觉效果对男人很重要。你可以与他接吻时，突然挣脱他，直视他一会儿，让他也看着你。

3. 流眼泪

如果你是女人，你要知道，眼泪是女人制服男人的有力武器，同样也是男人在无法解决问题时的应急手段之一。眼泪的多少，

眼泪在何时流下，都要根据情况而定。特别是两个人闹意见闹得不可开交时，与其硬碰硬，还不如运用"泪弹攻势"来化解僵局，很多时候，泪水是结束战争的最佳武器。

4. 别松开彼此的手

身体接触是感情升温的催化剂，只要有可能，最好以小动作增加两人的接触：在过马路的时候紧紧拉住对方的手，适时轻拍对方的手背表示赞同，靠着对方的肩头说好困。这些举动都会令对方觉得你需要他，从而激发起对方心底的激情。

5. 适当地嫉妒

嫉妒就是"吃醋"，一个不懂得"吃醋"的人，就不懂得品味爱情。适时且恰到好处的嫉妒，可以证明你对对方的爱与重视，满足对方的虚荣心，让对方享受一下被"醋劲"宠爱的滋味。当然，这种"醋意"最好是陈年老醋，一次解决问题，不能无端地猜疑，而是应合理地发威。

6. 结婚了还要约会

感情是需要用别出心裁的约会来打气的，无论再怎么忙，也要保持你俩的约会。不要带孩子，更不要呼朋唤友，就你们俩。在短程旅行时，你可以故意早一天出发，或者从不同地点出发，然后与他约定在某个彼此都陌生的地点会合，制造出时间与空间的距离感。

7. 适时地撒娇

没有一个男人可以抗拒女人的撒娇，不管他的年龄有多大。女人有时任性或者"赖皮"一下，可以增加感情的"蜜"度。当然，撒娇也并非女人的专利，尤其是平时总是充满男子汉气概的大男人，回到家里装上几分可爱，在床上撒撒娇，足可以让你的女人永远不想和你离开。

不要尝试改造你的伴侣

假如你希望家庭幸福，那就请切记：别尝试改造你的伴侣。

不要用自己的标准来评判你的伴侣，不要尝试按自己的观点改造对方。如果能用开明的心态来看对方，你将发现你的配偶比你想象的要有能力得多，对你的帮助也比你想象的多得多。对彼此的欣赏与接纳可以治愈婚姻中的任何伤痕。

英国大政治家狄斯瑞利在 35 岁前没有结婚，后来，他向一个有钱的寡妇求婚，她年纪比他大 15 岁，是一个经过 50 寒暑、头发灰白的女人。使人们难以理解的是，狄斯瑞利的这桩婚姻，却被人称颂为最美满的婚姻之一。这个寡妇既不聪明也不漂亮。她的谈话，常会犯文学上、史实上极大的错误；对衣饰装扮，更是离奇古怪；对屋子的陈设，也是一窍不通的。可是，她在对待婚姻和在对待一个男人的事情上，是一位伟大的天才。

她从不让自己所想到的跟丈夫的意见对峙、背反。狄斯瑞利跟那些敏锐反应的贵夫人们对答谈话，而精疲力竭地回到家里时，她立刻使他有个安静的休息。在这个愉快日增的家庭里，在相敬如宾的气氛中，他有个静心休息的地方。每天晚上，他从众议院匆匆地回家来，他告诉她白天所看到、所听到的新闻。最重要的是，凡是他努力去做的事，她决不相信他会失败的。虽然玛丽安并不完美，可是狄斯瑞利够聪明地让她保持原有的她。

可见，成功的婚姻不只是寻找一个适当的人，而是自己该如

何做一个适当的人。

生活中，聪明的妻子不是改造丈夫，而是在共同点上求得生活的快乐，试图改正只会使夫妻感情出现危机。

其实，男人总是像长不大的孩子，他们贪玩、好奇、冒险。女人则喜欢平静地生活，对男人的"野"总是无法忍受，决意改造。不少几十年的夫妇，都不同程度地上演着改造与反改造的拉锯战。女人总是执迷不悟，她们将女性的耐力发挥到极限，只要还有一口气，就要对男人指手画脚，横挑鼻子竖挑眼。但男人不是面团，不可任女人捏成理想的形状。男人一生中，除了事业，最大的乐趣就是交友玩耍。而女人最怕男人热了朋友冷了自己，所以对男人的朋友总是心怀敌意，往往贬之为"不三不四""狐朋狗友"之类。但男人只要情投意合，玩得到一块，就照玩不误。

男人玩得太晚，回家时女人总是横眉竖眼，厉声喝问："又干什么去了？"男人在外面玩够了，本是怀着十二万分的小心，原想回家和女人低声下气说好话，一见女人那阵势，就什么心思都没了，只冷冷地回一句："没干坏事。"然后不再吱声，该干什么就干什么。当一个男人在外面无朋友，成天围着老婆转，一旦碰上什么事，束手无策，又找不到人帮忙时，女人也气，气男人太窝囊，简直不像男人。当一个男人对女人百依百顺时，女人却一点也看不起自己的男人。有时会歇斯底里地冲男人大吼一声："什么时候你能在我面前说一声不！"

每个人都有自己的个性，世上又无统一的好男人标准。但女人却要凭理想改造，把男人弄得像赵家的一样有权、像钱家的一样有钱、像孙家的一样温顺、像周家的一样潇洒、像武家的一样

不喝酒、像王家的一样不吸烟，想将所有男人的优点都聚于自家男人一身。其实，这是不可能也是不现实的。

可以说，女人永远也改造不出自己理想中的男人。同样，男人永远也改造不出自己理想中的女人。所以，要想保持婚姻的幸福，就要尊重你的伴侣，不要尝试去改造你的伴侣。

夫妻争执尽量给对方下"台阶"

给人一个台阶，不仅是宽容的体现，更可以使我们在爱情、婚姻中成为完美达人。

生活中，每一个人都有可能犯错误，也都有可能陷入尴尬的境地。给人一个台阶，促进沟通良性进行，这也是与人沟通中应遵循的原则之一。

家庭中有争执是正常的，因为没有两个人会有绝对相同的思考方法。正是在争执中，两个人才形成沟通、加深理解。但在争执的过程中，学会适时地给对方一个台阶，这样就不会让家庭战争升级，就能把争执变成感情投资；相反，如果一味地步步紧逼，互不相让，那一定会让感情受损。

小月跟老公的钱是放在一起用的，因为要还房贷，还要买车，所以他们商定每月每人支取一定数目的零用钱，剩下的存银行。老公经常抱怨说他们公司没有男人把钱交给老婆的，大男人用个钱都要问老婆要，很丢人，为此吵过好多次。

一日，两人又为此吵架了。小月叫道："离婚！"老公懒洋洋地说："法院就在前面，要不要我告诉你法院门在哪里开？"小月暴怒，跑到房里，花费了半个钟头，把离婚诉状写好，这时他来敲门："你在里面做什么？这么久没动静？"小月气鼓鼓地拿诉状给他看，他看了一遍，说："你这诉状写得好正点啊，我每个月出 5000 块，分期付款 40 年把它买下来了。"

小月一下子就笑了，两个人就这样和解了。

男人的幽默不仅让盛怒中的小月找到了"台阶而下"的机会。同时也给自己解了"离婚"之围。而做老婆的，也要把握好下台阶的时机，老公有时候不一定会亲口说出"我错了，求你了"之类的话，得了便宜，与其乘胜追击，不如卖乖。

有一对夫妻，男人在外地工作，一般情况下，三个月回来一次。女人在寂寞中喜欢上了一位网友。刚与网友见面后回到家（只是见面吃了顿饭），意外地见到系着围裙的丈夫。丈夫想拥抱妻子，女人心里一片慌乱，说："我先洗个澡。"

女人刚洗完澡，突然有一位花童送来一大把玫瑰花。花童说："某先生（那位网友）送给某女士的花，请签个名。"她看也没看，就说："你搞错了。"花童说："不会错。"她想关门，可是，男人已经接过写着地址的纸条和明信片。

几秒钟的沉默后，男人说："是送错了！"男人转过脸，对女人说："是送错了，要不我们替她留下吧？"女人看着男人，突然抱紧他。后来，妻子再也没有与那位网友见面，丈夫也从来没有问过这件事。

夫妻之间的事，很多是不能挑明的，一挑明就如漏了光的底片，一切都完了。必要的时候，不妨给对方一个台阶，不但维护了爱情，也保全了家庭。

爱情，很多时候只是一些小问题，特别在婚姻中，一些事情谁对谁错，其实彼此都心知肚明。不要太在意那个胜利，需要做的是给对方留一个台阶，让对方慢慢地接受或者认可你的想法。要知道，天下恩爱的情侣都懂得给对方台阶下。

父母要做孩子的"顾问"

有些父母看到孩子出了问题，便迫不及待地当起了裁判，这是很危险的。父母要做的，不是当孩子的裁判，而是要当孩子的顾问。

"我想与孩子沟通，可孩子不与我谈；我等着孩子与我交流，但孩子却不来。"这是许多父母目前与处在青春期子女难以交流而发出的感叹，也是他们遇到的最感头痛的问题。在父母与孩子的沟通中，父母找准自己的位置，才能处理好与孩子之间的关系。

在人生的竞技场上，孩子只能靠自己努力。父母既无法替代孩子，也不该自作主张去当"裁判"。

孩子的内心世界丰富多彩，父母除了应该给予孩子一种保持良好竞技状态的力量，更要积极地影响与教育孩子，不了解其内心世界便无从谈起。而了解孩子的第一要诀是呵护其自尊，维护其权利，成为其信赖和尊敬的朋友。即父母对待孩子，要像对待自己的朋友一样，了解其内心需求，既要善于发现和赞美孩子，还要引导孩子正确面对失败，在挫折面前做孩子的战友。

在生活中，父母更需要对孩子进行爱心的倾注与交流。所谓对孩子的爱，不仅是指给孩子吃好喝好，更需要父母多花些时间与孩子共同娱乐与谈心。听孩子讲学校内的事情，看看孩子最近画的画，与孩子一起跳跳绳、打打球、下下棋，这都是与孩子间很好的交流机会。作为父母，不要一味以严父的面孔出现在孩子的面前，不苟言笑只会让孩子对你敬而远之。父母要合理地指导孩子科学的安排时间，让孩子有条不紊地学习、活动、休息，这样才有利于提高孩子的学习效率和身心健康的发展。父母不要以长辈高居，要有平等之心，设法与孩子做朋友，相互沟通，开展谈心活动，这样才能在轻松愉悦之中沟通情感与思想。

孩子常常对父母的规劝表现出逆反心理，他们觉得自己不需要大人管教，而是应当帮他们出主意、教他们处理问题的方法。当孩子将生活学习中的快乐与兴奋告诉父母时，如果遇到的是猜疑、训斥与泼冷水，孩子以后就会干脆不说或少说。

孩子更多的时候，是需要一个顾问、一个参谋，帮他出主意、想办法，帮助他们选择正确的处理问题的方法，直到他们学会依靠自己的智慧摆脱困境，做出正确的选择。为此，父母应该尊重孩子的意见，给孩子说话的机会，尽可能地让孩子发表自己的意见和看法，让孩子感受自己在家庭中的重要性。

用耐心培养孩子的耐心

父母只有付出耐心，才会培养出孩子的耐心。

在与孩子的沟通中，父母要有耐心。在心理学上，耐心属于意志品质的一个方面，即耐力。它与意志品质的其他方面，如主动性、自制力、心理承受力等有一定的关系。尤其在家庭生活中，

与孩子的沟通更需要保持耐心。

耐心是孩子未来成功的关键因素之一。培养孩子的耐心不仅对他在学习上有帮助，而且对他今后的人生道路也有很大的影响。因为孩子的耐心并不是与生俱来的，而是需要后天的培养。当孩子不停地用哭闹强迫父母满足他的要求时，父母要沉得住气，一定要注意对孩子进行耐心训练。

耐心训练可以从以下方面做起：

1. 给孩子的任务，难度要适当

任务太多太难，孩子望而生畏，就会产生对抗情绪或者干脆不做就放弃了。对于一些难度较大的任务，可以分解成一个个小目标。家长把做完的小目标点评一下，给孩子一点鼓励，孩子可能就乐于接受了。

2. 家长要有耐心

许多孩子没有耐心，是因为家长对孩子做事的要求往往也是虎头蛇尾。所以，家长不要让孩子养成半途而废的习惯。在开始一种新的活动之前，必须让他把正在进行的活动有个了结。孩子经过努力完成一件事时，应当及时给予表扬，强化做事有始有终的良好习惯。

3. 语气坚定

父母对孩子提要求的语气要坚定，让孩子知道这是一件重要的事情，不可以随随便便对待，但也不可总在孩子身边不停地唠叨，甚至训斥打骂孩子。培养孩子的耐心，是个需要耐心教导的过程。

4. 持久地沉浸在一种活动中

可以让孩子集中精力，让他持久地沉浸在一种活动中。要让孩子知道，生活中许多事是需要耐心和等待的。有时孩子饿了马上要吃，渴了马上要喝，想要什么玩具当时就要买，家长可有意延缓一段时间，不要立刻满足孩子的要求，以培养孩子的耐心。

对付饶舌客，巧下逐客令

逐客令不要直接说出来，要通过语言技巧或其他的方式表现出来，让对方能感觉到，这才是最有效的。

有朋友来访，促膝长谈，表达友情，交流思想，不仅是生活中的一大乐事，而且是人生道路上的一大益事。但现实生活中也有与此截然相反的情况。茶余饭后，你刚想静下心来读点书或是做点事，不料不请自来的饶舌客扰得你心烦意乱。他东家长西家短，唠唠叨叨，没完没了，一再重复你毫无兴趣的话题而且越说越来劲。你勉强敷衍，心不在焉，焦急万分，想下逐客令却难以启齿。

那么，该怎样对付这种饶舌客呢？两全其美的办法是：运用最高超的语言技巧，把逐客令说得美妙动听，既不挫伤饶舌客的自尊心，又能使其知趣而退。

1. 侧面暗示对方

可以用温言细语来提醒、暗示饶舌客：主人并没有多余的时间跟他闲聊胡扯。跟冷酷无情的逐客令相比，这种方法容易被对方接受。如："最近我妻子身体不适，吃过晚饭就要休息。咱们是否说得小声一点？"此话虽然用的是商量口气，但传递的信息十分明确：你的高谈阔论有碍女主人的休息，还是请你少光临为

妙。再如："这是我第一次发表的文章，请您指正。我想今后尽量多挤些时间爬爬格子，我还年轻，真想有所作为啊！"这番话似乎很尊重对方，但"请您指正"只是虚晃一枪，而"真想有所作为"的感叹却是在提醒对方：请你今后别再来纠缠不休了。

2. 以写代说张贴"标语"

有些饶舌客辨析语意的灵敏度不高，婉转的逐客令常常难以奏效。对这些人，不妨用张贴字样的方法代替直率的语言，表达使人一见就明的意思。我们可根据具体情况贴一些如"我家孩子即将参加高考，请勿大声喧哗""主人正在自学英语，请客人多加关照"之类的字样，使饶舌客望而却步。从常理上说，字样是写给所有的来客看的，并非针对某一位，因而不会使哪位来客有太多的难堪。当然，在饶舌客知趣地告辞时，主人可送到门口并致意："真抱歉。但愿我的孩子能托您的福，在高考中取得好成绩。""谢谢您的关照，如果我在自学英语上有所突破，我不会忘记您的支持。"

3. 以攻代守主动出击

可以用主动出击的积极姿态堵住饶舌客登门来访之路。看准他一般是在每天何时到你家的，你不妨在他来访之前一刻钟先杀上门去："您多次来访，礼尚往来，我应回访您，否则太失礼了。"于是你由主人变成了客人，他则由客人变成了主人。这样，你就争得了掌握交谈时间的主动权，想何时回家，就何时告辞。更重要的是，你杀上门去的次数一多，他就被你牢牢粘住自己家里，原先每晚必上你家的行为定势就有望改变。以攻代守，先发制人，其实是特殊形式的逐客令。

4. 诱导对方培养兴趣爱好

饶舌客大都既无大志又无高雅的兴趣爱好。如果他感到有计划要完成，有感兴趣的事可做，他就无暇光顾你家了，这就能从根本上为你解围。如果他是青年，你可以举伟大人物胸有大志的事例进行教育，可以用发人深省的语言予以教育："人生一世，岂可没有一点真才实学？你我都要好好努力才是啊。"如果他是中老年，你可以根据他的具体条件，诱导他培养某种兴趣爱好，或种花，或读书，或练书法，或跳舞。

饶舌客一般是邻居、亲戚、同学、同事，主客之间相当熟悉，不管使用何种方法，切忌用冷冰冰的表情和尖刻刺耳的语言刺伤对方，一定要使对方感觉到主人对他还是很有情意的。有情意，才能使逐客令变得美妙动听。

负面的话语也应尽量由正面的字眼表达

有意识地把所使用的负面与中性的字眼改成正面字眼，会产生不可思议的效果。

人的思想是很奇怪的，通常人想要的东西都会实现，除非你不敢想。所以，要经常想正面的东西，负面的话语也应尽可能经由正面的字眼表达出来。

有一个有趣的小实验：跟你说"不要想象一只粉红色的猪跳着舞从你背后经过，不要想象这只猪有多么可爱，千万不要想象，不要想象"。听到这句话，你的脑海中浮现的是什么样的画面？绝大多数人脑海中肯定就浮现出所说的这只猪了。

人的大脑是不接受否定的说法的，在潜意识中，我们往往只听到了否定后面的内容，并把它当成事实的一部分。所以，尽量使用与情绪、感觉相关联的正面词语，它们包括开心、快乐、幸福、成功、优秀、信任等。同时，有一个词要引起你足够的注意，那就是"但是"。这个词的出现，意味着后边要说的话，跟前边已经说的话，意思不一样，是一个转折点。当你刚刚说完"是的，我赞同你的说法，但是……"对方的感觉一下子就改变了。所以，我们要使用一个更加安全、更有效的转折词"后来"，那样听者也易于接受别人的建议。

正面字眼（相对于负面字眼）不但让你能清楚地表达，而且能达到目的。类似"同意""优势"和"值得赞美的"等正面字眼，会让对方容易接受你想传递的信息；负面字眼像"反应过度""令人怀疑"和"不同意"，则较不为人所接受，甚至可能引起他人的抗拒。比如跟孩子沟通的时候，越说"不紧张"，孩子越会紧张；越说"没事"，就越会出事。所以，在和孩子沟通的时候千万不要用"不"这个字。

改变语言，可以改变一个人的心态。对于常用负面词语的人，我们可以用正面词语练习这个技巧帮助他们改善人生。

在我们身边，不难听到一些类似这样的话，显示出说话人正陷于困境中："我解决不了""这不可能"等。

"困境"中的"困"，是因为事情里有一些自己无法控制的因素，让我们感到无可奈何。在困境中的人，容易把思想放在那些无法控制或不想要的因素上。如果能够转而注意一些可以控制的因素，便有办法使事情得到改善。

说"我解决不了"的人是一个失败者，而说"我要找出一个解决办法"的人是一个成功者；说"这不可能"的人是一个悲观者，而说"可以试试看"的人是一个乐观者。

其实都是针对同一个情况，心态不同便会出现不同的语言，而改变语言便可以使心态改变。即把句子中的"不""没有"等负面的词删除，改用正面的词语代替。尽量在说话时使用正面词语，日子久了，你会发觉自己变得更积极、更开朗、更有效率。事实上，看看身边的人，那些遇事顺利成功的人说话都多用正面词语，而那些失意灰心的人说话都充满负面词语。

多用正面词语，对方就会认为你是个乐观、积极的人，大家都喜欢和积极乐观的人打交道。积极的人敬业乐观，愿意接受新鲜的点子和面对挑战。同时，因为他们对自己有信心，所以也较能接纳、赞美别人。让自己的思想、语言、文字及行为都表现出积极乐观，别人会因你的言语、行为而肯定你是一个了解自己，并能掌握自己人生的人。如此，你的人缘或成功的机会必定会大幅提升。

扩大知识面，提高沟通能力

扩大知识面，不一定要专门下工夫去学什么东西，主要在于平时的积累与运用。

知识是人们在社会实践中所获得的认识和经验的总和，是说话者能够很好地以言辞实现人际沟通交流的源泉。有的人之所以很有说话水平，究其根本原因，就在于丰厚的知识积累。胸有成竹，欲发则出；积之愈深，言之愈佳。

　　每一个人都是社会生活中的一分子，对社会生活中的各种关系必然有牵连，要想使自己的言语达到彼此交流沟通的目的，就必须掌握交际应酬的起码知识，这样，才能说出与当时的情境适宜的言辞。如果不懂得这些知识，在交际过程中，就会因某一细微疏忽讲错话而造成不良后果，导致交际失败。

　　在日常生活中，诸如称呼、访友、求职、待客、赴宴、送礼、赠物、寒暄、探病、致歉、打招呼、打电话、问候、介绍别人、自我介绍、拒绝、祝贺、吊丧等，所有这些，都各有自己的一套成文或不成文的规矩，这些规矩一般都是自然形成或约定俗成，无须特别地学习、钻研；只要不脱离社会生活，耳濡目染，即可把握。

　　天文、地理、历史、文学、哲学、经济等方面的知识能陶冶情操，提高修养，开阔视野，从而使表达者的言辞更具有感染力、说服力、吸引力。这些知识的获得，要靠孜孜不倦地学习。只有不断地学习吸取这些知识，言辞的表达才会有不断的生命力。在人际交往中，某方面的文化知识不足，就不要轻易涉及这方面的话题，倘若擅自发言，闹笑话不说还会影响交际效果。

　　要想不断地扩大你的知识范围，就要对各个方面的知识都需有所涉猎。扩大自己的知识面，一个重要的方法就是看新闻，无论是社会、时事、财经，还是IT都能扩大你的知识面。比如你在读一篇新闻，从这篇新闻本身来说你就获得了相应的信息，同时，从新闻内容中，你还会获得一些新闻之外的东西，像新闻中所列举的事情、人物、名词等。

　　同时，也可以经常上网，搜索一些自己感兴趣的东西，或是主动地去接受一些知识，还可以用邮件订阅一些内容，及时扩充自己的知识。

第八章

不用话语也能进行沟通

在人与人的沟通中，"无声的交流"即"身体语言"，是一种更为高明的沟通艺术，这种沟通艺术经常在不自觉中被运用。如果运用的适宜，不用话语也能与人进行沟通，而且还会收到事半功倍的效果。

懂得使用得体的肢体语言

在口头交流之外，沟通双方的肢体语言交流，也可以互相传递很多信息。

人体及其各种举止可以传达许多信息，尤其是面部表情最具有代表性，所以了解人体语言所代表的意义，是有效沟通的一个重要组成部分。

一项研究表明，从言语中传达出去的信息只占所表达的全部信息的7%，剩下93%的信息传达都不是你用嘴说出去的。俗话说："眼见为实，耳听为虚。"人们靠眼睛观察所获取的信息占55%，用耳朵可以从你的声音里得到38%的信息。所以，根据以上数字，人们更能从眼神、语气、肢体语言等其他方面来分析出其他的信息。

肢体语言是和我们平时说的语言相对独立的一种沟通形式，它伴随着我们说话的同时产生。肢体语言来自于面部表情、眼神接触、手势、站立姿势和态度，大多数情况下，它是潜意识的。总的来说，肢体语言的细微差别是非常复杂的，但是有些普通的肢体语言符号甚至能抵得上一大堆话。

以下的一些关于肢体语言的要点要牢记：

★身体前倾、不住点头时，表明这个人对某种事物很感兴趣，或者对某人的观点表示支持和认同。

★突然向上用力挥舞手臂时，这个人很可能是对某种观点或事物表示强烈不满。

★嘴部的动作，比如撅嘴、撇嘴等，也可以直接表现出这个人正在思考他所听到的东西，或者是他正在犹豫，并想收回他所说的话。

★说话时呼吸急促、说话速度比平时快、声音也比平时高时，常常表示这个人此时的心情比较激动，或者正在受某些问题的困扰。

★晃动双手或摇动胳膊，表达出积极、热情的信息，但往往对于其他人来说，这却表达了不成熟和不可靠。双臂最好的摆放姿势还是自然的放在身体两侧，这样看来充满自信又很轻松自然。

★把手轻轻地搭在对方肩上或胳膊上表示亲密，伸开双臂拥抱表示喜欢或安慰对方。

★不能把手插在兜里，不能把手放在桌子下面，或是身后，也不能用手摸脸、脖子、弄头发，这都是不成熟的表现。

★站如松，坐如钟，这会让人更尊重你，而懒散地躺在椅子里，或是靠在墙上，就会让人觉得你无精打采。

★不要摇头晃脑，别让头总是歪的，一定要保持昂首挺胸，这会让你看起来充满自信，并有权威感。人们也会对你尊重，而且以诚相待。如果你希望留给人友好、开放的印象，你可以把头轻轻歪向一边。

★双手抱肩，或是交叉在胸前，你会在与人沟通时产生隔阂，这表现了你对人或谈话内容根本没有兴趣。另外，这个动作还可以表示你根本不同意对方的观点。可能你是因为冷了才这样，但你要同时表现出打寒噤的样子，才能免除人们对你的误会。

一些小动作可以让人们知道你头脑中正在想什么。在与人说

话时，小动作太多会让人觉得你根本没有认真听对方讲话。所以，在对方说话的时候，除了适时回应之外，不要有太多的小动作。

肢体语言的解读，必须结合具体的沟通情境、不同的风俗习惯以及人物的性格特点等进行具体分析。同样一种表情、动作或神态，在不同的沟通情境、不同的地域特点中所反映的意义可能会大相径庭，而不同性格的人在传递信息时展示出的肢体语言也各不相同。例如：竖起大拇指的手势，在中国表示赞扬，在日本表示"老爷子"，在希腊表示让对方"滚蛋"，而在英国等地则常常有一种侮辱人的意味。又如：有些人用双手摊开的动作表示"我就是这么倔强，你还是不要再浪费口舌了"，而另外一些人则用这个动作表示"真拿你没办法，我服了你，就按你说的意思办吧"。

让肢体语言传达你内心的真诚

当我们谈到"沟通"的时候，很多人就会想到"沟通"就是"说"，似乎"说"就是沟通的全部。其实，与人沟通时，即使不说话，也能通过肢体语言来洞察对方的心理。美国人类学家吉文斯通过观察发现，在日常沟通中有70%的内容来自肢体语言。这意味着，要成为一个沟通高手，就必须善用肢体语言，通过肢体语言传达出你的亲切、你的真诚。

公司安排邱航和韩诚去接从广州来的大客户郑总。邱航和韩诚在出站口焦急地等待着，手里的牌子上写着郑总的名字，可是等来等去，愣是没见郑总。

而就在此时，一个五十岁左右的男士也在车站拉着行李，似乎在等人。邱航和韩诚对看了一眼，走了过去，邱航微笑着说："您好，先生，打扰一下，请问您是来自广州的郑先生吗？"

这位男士认真地看了邱航一眼，说："是啊，你们是？"

邱航微笑着伸出手说："您好，郑先生，我们是专程来接您的。"

郑先生一边握手，一边说："真是太好了，可找到你们了。"

这时候，站在一边的韩诚也走上前来，对郑总拘谨地说了一句："您好，郑先生。"

一路上，他们有说有笑，能够看得出，郑总非常开心，完全没有一点车马劳顿的疲惫。到了公司后，邱航先下了车，打开了车门，礼貌地说："郑先生，我们到公司了，请您下车。"说罢，伸出右手，做了一个邀请的动作。

那次的业务谈判非常成功。在临走的时候，郑总特意邀请了邱航一起吃饭，表示感谢，而对韩诚明显很冷淡。原因很简单，邱航在和郑先生的初次见面时，不但语言很到位，手势和表情也很到位，让郑先生感到内心非常愉悦，这些都给郑先生留下了极好的印象，觉得这是一个非常不错也很亲切的小伙子。相反，韩诚的行为就显得过于冷漠和木讷了，一路上韩诚没说几句话，表情也很冷漠，再加上语言上过于客套，拉远了跟郑先生的距离。

此后，有关与郑先生所有的业务都是由邱航来负责，因为是郑先生要求的。郑先生宁可耽误时间，也不让别的人来代替邱航。后来，邱航离开了公司，郑先生与公司合作的业务也随即停止了。

故事中的邱航和韩诚在和郑先生的接触中，在口头语言和肢体语言上搭配不一样，结果出现了两种截然不同的后果。一个到位的手势加上真诚的微笑，拉近了彼此之间的距离，为对方呈现出一

种诚恳而又亲切的感觉，可见懂不懂沟通对一个人的影响有多大。

那么，在与人沟通的过程中如何运用肢体语言，传达美好的信息呢？

1. 微笑是最美的语言

英国诗人雪莱曾经说："微笑是仁爱的象征、快乐的源泉、亲近别人的媒介。有了微笑，人类的感情就沟通了。"泰戈尔也说过："人微笑时，全世界会爱上他。"一个时刻流露微笑的人总会给人带来亲切的感觉，让人如沐春风般舒爽。微笑是连接彼此情感的纽带，说话的人通过微笑能够达到情感沟通、融洽气氛、缓解矛盾的目的。不要总是一脸严肃，学会微笑吧，相信它会让你的人际关系变得更好。

2. 注视对方，眼神真诚

交谈时，要敢于和善于同别人进行目光接触，这既是一种礼貌，又能帮助你维持一种联系，谈话在频频的目光交流中可以持续不断。更重要的是，眼睛能帮你说话。如果几乎不看对方，那是怯懦和缺乏自信心的表现。这些都会妨碍沟通交流。当然，和别人进行目光交流并不意味着老盯着对方。

3. 手势

每一个人在谈话的过程中都会有不同的手势，只是有的手势是有助于表达感情，有的会令人讨厌。比如，张开手掌这个手势会给客户诚实的感觉，可以提高你的可信度，增加你的交际能力。但是有一点，大家一定不要在谈话的时候指点对方，指点的手势是不礼貌的，会让人非常的厌恶。

只要你坚持自然流露的原则，时间长了就自然地培养出了真正属于自己的迷人的姿态。记住，肢体语言是一种非常重要的信息。

如果我们能正确地使用，就会大大增加个人魅力，让自己大受欢迎。做到了这些，我们在与人沟通的时候就会让彼此的距离更进一步。

得体的微笑会赢得他人的好感

无论双方的语言表达方式或生活习惯等有多大区别，彼此间真诚的微笑可以消除一切隔阂。

微笑是一种令人感觉愉快的面部表情，它可以缩短人与人之间的心理距离，为深入沟通与交往创造温馨和谐的氛围。

微笑是人良好心境的表现，说明心情愉快，充实满足；微笑是善待人生、乐观处世的表现，说明心里充满了阳光；微笑是内心真诚友善的自然表露，说明心底的坦荡和善良；微笑是对自己的能力有充分的信心，对自己的魅力和能力抱积极和肯定的态度；微笑还是对工作意义的正确认识，说明热爱本职工作，乐于恪尽职守，能让服务对象倍感愉快和温暖。

微笑是开发不尽的资源，是使事业成功的重要法宝，是服务行业的一种特殊需求和基本要求。它可以让你不费吹灰之力，却生意兴隆；它可让你减少工作失误，带来利润的增长。

即使在全球经济大萧条时期，希尔顿饭店的创始人希尔顿先生，照样要求希尔顿饭店内的所有员工都对前来光顾的旅客献上最真诚、最温柔的微笑，结果他创立的饭店事业一直蒸蒸日上。

并不是所有人的微微一笑都能轻易地打动别人，微笑是有讲究的。

微笑的时候，先要放松面部肌肉，然后使嘴角微微向上翘起，让嘴唇略呈弧形。最后，在不牵动鼻子、不发出笑声、不露出牙齿，尤其是不露出牙龈的前提下，轻轻一笑。

微笑要发自内心，当一个人心情愉快、兴奋或遇到高兴的事情时，都会自然地流露出这种笑容。这是一种情绪的调节，是内心情感的自然流露，绝不是故作笑颜、故意奉承。

发自内心的微笑既是一个人自信、真诚、友善、愉快的心态表露，同时又能制造明朗而富有人情味的气氛。发自内心的真诚微笑应该做到笑到、口到、眼到、心到、意到、神到、情到。

微笑最重要的是自然、大方，不可以假装。只要你把对方想象是自己的朋友或兄弟姐妹，就可以自然大方、真实亲切地微笑了。

微笑要适度。虽然微笑是人们交往中最有吸引力、最有价值的面部表情，但也不能随心所欲，随便乱笑，想怎么笑就怎么笑，不加节制。所以说，笑得得体、适度，才能充分表达友善、诚信、和蔼、融洽等美好的情感。

要想常常保持微笑，就要培养乐观的观念，控制消极的情绪。任何问题都有其两面性，善于控制自己的情绪，看到光明的一面，保持心境愉快，会减少因观念消极而产生的烦恼。

掌握适当的空间距离

合理运用与他人的空间距离，会使我们取得意想不到的交际效果。

在非语言沟通中，空间距离可以显示人们相互间的各种不同关系。我们每个人都生活在一个无形的空间范围内，这个空间范围内就是他感到必须与他人保持的间隔范围，它向一个人提供了自由感、安全感和控制感。

在人际交往中，当你无故侵犯或突破另一个人的空间范围时，对方就会感到厌烦、不安，甚至引起恼怒。

一位心理学家做过这样一个实验：在一个刚刚开门的大阅览室里，当里面只有一位读者时，心理学家就进去拿椅子坐在他（她）的旁边。试验进行了整整 80 个人次。结果证明，在一个只有两位读者的空旷的阅览室里，没有一个被试者能够忍受一个陌生人紧挨着自己坐下。

就一般而言，交往双方的人际关系以及所处情境决定着相互间自我空间的范围。美国心理学家霍尔将人际交往中关于距离的应用划分了四种：

1. 亲密距离

其近范围为 15 厘米之内，彼此间可能肌肤相触，耳鬓厮磨，以至相互能感受到对方的体温、气味和气息；其远范围为 15 ~ 44 厘米之间，身体上的接触可能表现为挽臂执手，或促膝谈心，仍体现出亲密友好的人际关系。

这种距离只限于在情感上联系高度密切的人之间使用，在社交场合，大庭广众，两个人（尤其是异性）如此贴近，就不太雅观。在同性别的人之间，往往只限于知心朋友，彼此十分熟识而随和，可以不拘小节，无话不谈。在异性之间，只限于夫妻和恋人。

2. 个人距离

其近范围为 46 ~ 76 厘米之间，正好能相互亲切握手，友好交谈；其远范围为 76 ~ 122 厘米。任何朋友和熟人都可以自由地进入这个空间，陌生人进入这个距离会构成对别人的侵犯。

人际交往中，亲密距离与个人距离通常都是在非正式社交情境中使用，是与熟人交往的空间。在正式社交场合则使用社交距离。

3. 社交距离

这已超出了亲密或熟人的人际关系，而是体现出一种社交性或礼节上的较正式关系。其近范围为 1.2 ~ 2.1 米，一般在工作环境和社交聚会上，人们都保持这种程度的距离；其远范围为 2.1 ~ 3.7 米，表现为一种更加正式的交往关系。公司的经理们常用一个大而宽阔的办公桌，并将来访者的座位放在离桌子一段距离的地方，这样与来访者谈话时就能保持一定的距离。

在社交距离范围内，已经没有直接的身体接触，说话时，也要适当提高声音，需要更充分的目光接触。如果谈话者得不到对方目光的支持，他（她）会有强烈的被忽视、被拒绝的感受。这时，相互间的目光接触已是交谈中不可缺少的感情交流形式了。

4. 公众距离

这是公开演说时演说者与听众所保持的距离。其近范围为 3.7 ~ 7.6 米，其远范围为 7.6 米之外。人们完全可以对处于空间的其他人装作没看到，不予交往，因为相互之间未必发生一定联系。

在现实生活中，这些距离范围并不是固定的，尤其是个人距离，是由社会规范和交流者的个性习惯所决定的，也就是说，与人们的种族、年龄、个性、文化、性别、地位和心理素质等有关。因此，在沟通中应根据不同的内容选择不同的距离。

运用眼神进行沟通

无论我们和谁用什么方式交流，也不管表达的内容是什么，我们肯定会对那些用眼神和我们沟通的人给予更多的关注和回应。

眼睛是人与人沟通中最清楚、最正确的信号，因为它是人身体的焦点。人们通常所说的"眼睛是心灵的窗户""她的眼睛会说话""他的眼神不定"，都是说眼睛对人类行为的巨大作用。与对方保持最直接的沟通，除了语言之外就是眼神。

在倾听别人说话的过程中，一定要运用好自己的眼神。要想使对方知道自己在认真听取对方的讲话，你的眼神与对方的眼神一定要保持好联系。对方讲话时你最好与他的眼神不断地会合，不要东张西望。听人讲话时随便看其他东西，说话人一定会感到不高兴。

在理解对方的意思时，要表现出领会的眼神；渴望得到对方的讲解时，要表现出诚恳的眼神；对方说到幽默处，表现出喜悦的眼神；对方出现悲伤时，要表现出同情的眼神等。耳朵与大脑是语言的接收器，眼睛则是接收后的反应器。听到别人的信息也置若罔闻、呆若木鸡，谈话的双方就无法沟通下去，应该及时接受、及时反应，从而吸引住说话人的注意力。

运用眼神，可以使沟通更为有效。例如，老师如果能够巧妙地运用眼神表达自己的感受，有时真的会受到意想不到的良好教育效果。上课时，如果某个孩子乱讲话或随便做小动作，干扰其他的孩子听讲，老师可以轻轻地走到他的身边，拍拍他的肩膀或

者摸摸他的头，给他一个制止的眼神，孩子们会立刻表现得非常好。这样做，比当着全班小朋友的面，对他们进行强行制止好得多，能使孩子容易接受，也不伤害他们的自尊心。

用眼睛和别人沟通，不仅表明你很自信，同时也表示你对别人很尊敬。当你发表演说时，眼睛要注视着对方，语气里要带有更多的强调成分，加入更多的感情色彩。如果这时你的眼睛看着别处或盯着地板，那就说明你对自己所说的话并不确信，或者你说的可能根本就不是事实。例如，当销售人员的眼睛炯炯有神地向客户介绍产品时，眼神中透射出的热情、真诚和执着往往比口头说明更能让客户信服。充满热情的眼神，还可以增加客户对产品的信心以及对这场推销活动的好感。

眼睛盯着一件东西看，这对有些人来说有点困难。但是，如果你正在努力赢得人们的好感，并且想表示你所说的话很认真，这就显得很重要了。例如，当你走进老板的办公室要求他给你升职时，如果你的眼睛紧盯着他，而不是低着头，那么他会更认真地考虑你的请求。当你在单位陈述你的一份商业计划时，如果你用自信的眼神看着周围的人，那么大家就会更加信任你并认可你的计划。

会说的不如会听的

聆听，是对说话者的一种无声的赞美和恭维；聆听，可以找到一条通往说话者的心灵之路；聆听，可以使人际交往更有效果更加和谐。

聆听是精神的享受，思想的深远。一位美国女作家曾说过，沟通的最高境界就是静静地聆听。的确，聆听所表现出的正是一种宽容、谦逊的人格，也展示了对他人的尊重。一个善于聆听的人，必然是一个对他人充满敬意、知道尊重他人的人，这样的人，也是我们愿意与之交往、愿意彼此倾诉与倾听的人。

当你认真聆听客户的谈话时，客户感觉自己被重视，于是，他们便对你产生了亲切感和信任感，感觉你是他们的朋友。所以，正在洽谈的生意成交了，已经发生的纠纷平息了。聆听成为一种润滑剂，能让财富更快地流入你的口袋。

当老师聆听学生的心声时，不仅缓解了师生间的紧张关系，消除了距离感，也能让老师真正理解学生、尊重学生，促进学生的求知欲和好奇心健康发展。

当你聆听别人的倾诉时，给予他们贴心的理解和真诚的疏导，他就能振作精神，重新开始奋斗，我们也将因此获得更多的友谊，更多的亲情，更多的爱情，就能更多地了解人生的酸甜苦辣，更多地积累人生的宝贵经验。每个人的生活经历不同，都有值得总结的成功经验，也有值得吸取的失败教训，我们可以从他人的倾诉中警戒自己的言行，避开前进中的荆棘。

只有善于聆听的人，才会从别人失败的经验中不断地吸取经验，加快趋向成功的步伐。对于这样的人，成功路上的艰辛会减少许多。在倾听的过程中，要取别人所长，补自己所短。

聆听是一种能力、一种素质、一种思维习惯。良好的聆听能力是我们获取知识的主要途径之一。有的人认为自己听见了就是在倾听，那是不准确的，因为聆听不是一般意义上的听。听对方说出来的内容，只是常规意义上的听。有效聆听则是要听出对方说话背后的真心，明白说话人的真正意思才是最重要的。

　　人与人之间都需要沟通、交流、协作、共事，一个人善不善于倾听，不仅体现着他的修养水准，还关系到他能否与其他人建立起一种正常和谐的人际关系。聆听别人讲话，必须做到耳到、眼到、心到，同时还要辅以其他的行为和态度。不少社会学家和心理学家从人际关系角度进行研究，提出了以下聆听技巧：

　　★面部保持自然的微笑，表情随对方谈话内容有相应的变化。

　　★运用肢体来倾听，可倾身向前，目视对方，脸上保持全神贯注的精神，表示对他讲话的专注。

　　★用你的眼睛倾听，目光持续地接触，这样会让对方感到你在认真倾听他所说的每一个字。

　　★集中精神，不要做其他分散精力的事，如看表、抠指甲、伸懒腰、翻阅文件，更不要拿着笔乱画乱写。

　　★不要粗暴地打断别人的讲话，不要对别人的诉说无动于衷。

　　★语言要简洁，在对方"说"的过程中，不妨以"嗯"或"是"，表示自己在认真倾听。在对方需要理解、支持时，应以"对""没错""真是这么一回事""我有同感"，加以呼应。必要时，还应在自己讲话时，适当引述对方刚刚发表的见解，或者直接向对方请教高见。

　　★在别人话没讲完时，不要着急地发表自己的看法。听完以后再想一想，他说的或问的是什么，如果自己没有听清楚，可以再问一问，如果听清楚了，再说出自己的意见。

　　★适当地发表自己的观点，要显得自信、礼貌、真诚、谦和，重要的要寻找两个人共同感兴趣的话题。

　　★要注意倾听弦外之音。对方没有说出来的部分常常比说出的部分更重要，要注意对方语调、手势的变化。

★避免外界的干扰。必要时可以把手机关掉，把电视、音响设备关掉，没有什么声音比你正倾听的那个人声音更重要。

沉默是一种高明的沟通

沉默是一种说话技巧，是一种高明的沟通方式。

人们常说："沉默是金，开口是银。"一句简简单单的话道出了人际交往中的一条重要规律。

在沟通过程中，不要害怕沉默、冷场。沉默、冷场有时是一件好事，如果对方性子比较急，或者不懂如何利用冷场，那么，对方就有可能先开口说话，我们就可以得到更多的信息。出现冷场，对方也可能在反思自己的言行，例如价格太不合理或者提错了问题等，对方会怀疑自己，把自己往坏处想，反而会更多地想对方的好处。所以，在沟通中，不要怕冷场，而且要敢于问别人问题，自己不明白的，不清楚的就要敢于去问，不断地问问题，掌握的信息就越多，就越能控制局面。

"沉默蕴涵着一种艺术，沉默也蕴涵着雄辩。"古罗马著名演说家、政治家西赛罗曾这样说，在今天，这句话也同样适用。沉默蕴涵着一种艺术，这个艺术就是给其他的人提供了可以提问的机会。没有机会去提问，你可能不会知道问题的答案。

沉默给他人提供了可以思考而不受打扰的机会。比如，在医生照顾病人的过程中，沉默可以给病人更多的思考时间，也给医生

观察病人和调适自己提供了一次机会。适当地运用沉默会产生意想不到的效果，尤其在病人悲伤和焦虑的时候，病人就会感受到医生是在认真地听，在体会他的心情，这些对治疗都会产生积极的作用。

恰到好处地运用沉默，可以传递出一种难以言表的丰富的信息，起到"此时无声胜有声"的作用。比如，在教育孩子的过程中，父母一旦发现孩子犯有比较严重的错误，为了及时纠正其错误，可以适当地表现出沉默。让孩子在父母的沉默中感到震慑和压力，自觉地把问题讲清楚，然后父母再对症下药。很多时候，父母在批评和劝诫孩子时，最容易犯的毛病就是当众把孩子说得一无是处。这样的批评容易伤害孩子的自尊心，会导致孩子的抵触和反感。因此，有些时候，用沉默来代替对孩子的直接批评或斥责，可以达到教育的目的。

适当地保持沉默是处理人际关系的无声"武器"。比如，如果你是一名管理者，那么，你在与下属进行沟通时，适当地保持沉默，不仅能够解决棘手的问题，而且还可以让沟通锦上添花。传达你对下属的要求和期望，如有必要，再把注意事项交代清楚即可，然后你就可以保持沉默，留一个宁静的"空间"给下属们好好考虑具体的步骤。当他们的想法不够准确圆满时，你可以适当地给予补充，给予适时的指导，但千万不要剥夺下属发言与思考的机会。

在批评别人之后保持沉默，是对当事人的一种威慑。一方面，对方会因为你的"点到而止"感谢你为他保留了颜面，另一方面也显示出了你宽广的胸怀。你的沉默并非是对错误的迁就，而是留给了对方一个自省的余地。

沉默会让流言蜚语自生自灭，对待流言蜚语最好的办法就是保持沉默。沉默并不是对搬弄是非者的纵容，而是在一定程度上制止了是非的蔓延。你选择了沉默，那些别有用心的人必定会索然无味地从你身边走开，流言蜚语也就失去了传播的源头。

用触摸进行情感交流

触摸行为也是一种沟通方式，能起到比言语更为有效的效果。

触摸是一种无声的语言，是非语言沟通交流的特殊形式，是人际沟通中最亲密的动作，包括抚摸、握手、依偎、搀扶、拥抱等。触摸能增进人们的相互关系，它是用以补充语言沟通及向他人表示关心、体贴、理解、安慰和支持等情感的一种重要方式。

许多年前，一个年轻人感到生活难于应付，他独自回到悉尼的老家，随行的行囊里只有最简单的衣物，还有一堆摆脱不掉的麻烦。在抵达机场的一刻，这个年轻人做了一件事，他找到一块纸板，高举着它站在这个城市最繁华和拥堵的十字路口，上面写着："自由拥抱"，在他孤独地站立了15分钟后，一个女人走过来。这个女人对他说，那天早上，她的宠物狗死了，而且同一天正好是她独生女的一周年忌日。在感到最孤独的这个时候，她需要一个拥抱。于是他们拥抱，并在那一刻露出微笑。

"每个人都会遇到麻烦，甚至远比我所遭遇的要严重得多。看到某人能在顷刻间从阴郁中走出来，露出微笑，这非常有意义。"说这话的人是胡安·曼恩，就是故事中的那个年轻人。

每一个个体都有被触摸的需要，这是一种本能。婴儿接触温暖、松软物体感到愉快，喜欢拥抱、抚摸；更重要的是，个体不

仅对触摸感到愉快，而且对触摸对象产生情感依恋。如触摸孩子的头、手等能满足他们对爱的需求，可以转移其注意力，能给他们安全感、信任感，消除他们的恐惧心理。

触摸行为，能够传递出各种不同的信息。

1. 传递情绪信息

心理学专家研究发现，触摸能够传送五种不同的情绪：漠不关心、母亲般的照顾、害怕、生气和闹着玩。另一项研究发现，60%的人在向另一个人致意和说"再见"时，都使用触摸，而长久分别时的触摸（握手、拥抱等）更为强烈些，使分别更富于情感。一个人触摸另一个人的肩膀，意思就是："不要感觉这个讨论是一种威胁"，或者可能是："这真的很重要"或"我有话要说"。

2. 传递地位信息

一般来说，主动触摸对方的人往往是地位较高的人，而且两人之间没有障碍和矛盾。所以，在日常交流中，大多是教授、老板、长辈主动触摸学生、雇员、小孩。通常，地位低的人往往希望得到地位高的人的触摸，而具有支配性个性的人或者企图显示这种支配性的人，他们往往主动采取触摸行为。此外，触摸可以传递安全信息，使受者有种慰藉感、舒服感、满足感和受保护感。触摸者和被触摸者都承认，触摸传播的信息常常比讲话更重要。

触摸也应得当，它是一种表达非常个体化的行为，其影响因素有性别、社会文化背景、触摸的形式、双方的关系及不同国家民族的礼节规范和交往习惯等。例如，西方社会中熟人相见亲吻拥抱是习以为常的事情，但在东方社会中这种行为方式常被视为不端或有伤风化。因此，在运用触摸时，应保持敏感与谨慎，尊重习俗，注意分寸，尤其是同年龄异性间应避免误会。

让人喜欢与你的魅力沟通

在与人沟通交往的过程中，如何让别人迅速地喜欢上你呢？其实这并不难，只要你懂得沟通的技巧，就能很快走进他人的心里。人是可以改变的，人的能力也是可以不断提升的，只要我们敢想、敢做，那么我们的沟通能力一定能够得以提高。在与人沟通时，哪些行为是需要注意的，哪些语言是需要纠正的，本章我们将为大家进行详细地介绍。

与异性交谈大方而有分寸

社会是由男人和女人组成的，无论男女要想与异性交往默契，就需要对心理、社交、口才等知识技巧了解一二。否则，与刚认识的异性交往，就容易表现出羞怯局促、紧张不安的尴尬情绪。在这样的情况下，人们就会连话都说不出来，怎么可能顺利地沟通下去呢？其实只要掌握一些基本的原则，就能够使你在和异性交往时应付自如，谈得非常投机。

一位女士刚要推开大厦的玻璃大门，突然从后面冲过来一位男士，率先推开了门，在自己进去之后还不忘请女士入内。

女士很不满意地调侃道："你为我开门，不会因为我是个女士吧！如果是这样的话，那还是算了。"

男士一听，笑了一笑说："不，不，您理解错了，我为您开门，是出于尊重长者。"

女士一听，狠狠地踩了男士一脚走了。

男士感到莫名其妙，他永远不知道刚才的幽默激怒了女性，因为女人是最讨厌别人拿自己的年龄当话题的。

所以，在与人沟通的过程中我们一定要了解异性的心理，根据不同的对象采取不同的沟通技巧，掌握好说话的分寸。生活中，我们应根据具体的环境、对象和氛围采用适当的形式来表达恰当的幽默。

那么，在与异性交往的过程中，我们应该注意些什么呢？

1. 彬彬有礼，大大方方

无论同比较熟悉的还是比较陌生的异性谈话，无论是为了加深友谊，还是为了获得爱情，都必须坦然，做到彬彬有礼，大大方方。异性之间谈话的最大障碍是由思想紧张而造成的心慌意乱。不少人在异性面前讲话手足无措，语无伦次。这样，想取得谈话的良好效果是根本不可能的。

2. 不应过分随便亲昵

男女之间过分拘谨固然令人难堪，但也不可过分随便，诸如嬉笑打闹、你推我拉之类等举止应力求避免。须知，男女毕竟有别。说话过分随便亲昵，会让人觉得你显得轻佻而引起对方反感，容易造成不必要的误会。

3. 说话不要模棱两可

当今社会，虽然人们的观念都比较开放了，但对于男女之别，最好还是不要掉以轻心。因此，在与异性聊天时，有话要明说，切勿模棱两可，以免让对方误会，引起不必要的麻烦。

4. 心怀坦荡，文明有礼

异性之间在生理上、心理上毕竟是有差异的，不能像对待同性朋友那样处理与异性朋友之间的关系。交往中要说话有度，举止文明，相互体谅，彼此尊重。无论在什么场合，都要大大方方，心怀坦荡。

5. 谈论趣事

聪明的人，在与异性谈话时恰到好处地选择那些生活中的趣事做话题，既可以消除彼此间的距离，更容易产生共鸣，增加亲切成分。比如选择一些比较轻松、大众化的话题：如影视圈里的绯闻轶事、音乐界的排行夺魁、校园生活的诗情画意等。

6. 双方都要避免过分热情

对异性的态度要适宜，过分的亲近和热情容易引起对方的误会，也往往易使对方失去自矜、自爱及自尊的防线。因此，在与异性相处时，一定要善于把握自己的感情，特别是单独相处时，更要庄重有礼，保持距离。

7. 不可过分卖弄

如果想显示自己见多识广而讲个不停，或者在争辩中有理不让人，无理也要辩三分，都会使人反感。当然，也不要总是缄口不语，或只是"嗯""啊"不已。尽管这时你面带笑容，也会使人觉得你城府太深，让人扫兴。

现代社会，异性之间的频繁接触，给我们的生活和事业带来了情趣和生机。但如果不注意和异性交谈的艺术，常常会造成人际交往的障碍。在与异性交谈时，要适时地给对方一些由衷的、实事求是的赞美和鼓励，充分肯定对方；欣赏对方的优点会让对方自信而快乐。如果把握好了与异性交往的技巧，那么你与人沟通的能力将会大大提高。

展现魅力声音的沟通

生活中，在与他人沟通的时候，我们可能都有这样的感受，如果对方说话声音掷地有声、字字清晰，或者是声音温婉坚定，我们便认为他的话是值得信任的、亲切的。而相反，如果对方说话底气不足甚至言辞闪烁，我们便会怀疑其话语的可信度。声音是一个人内心话语的传递，我们的声音可以不美妙动听，但是一定要有力量，能给人带来美好的感受，这样才能吸引他人，让彼此的沟通更为舒心。

志豪和琪琪相识相恋已经足足有七个年头了，如今两人已经结婚，而且还生有一个可爱的宝宝。谈起两个人的相识，志豪一脸幸福，笑着说："我当时就是被琪琪银铃般的声音吸引了。"刚认识的时候，两人同在一家公司。琪琪的外貌称不上漂亮，弯月般的眼睛，样子看起来很文静，可是个性十分活泼，是公司里活跃的"百灵鸟"。琪琪的声音不算甜美，但是柔柔的，让人听起来感觉很舒服。志豪觉得琪琪的声音总是那么亲切柔和，讲话时就像是娓娓道来一个故事。不知不觉中，志豪就经常找琪琪聊天，并发现琪琪和自己一样都是文学爱好者。俩人经常谈论古代诗词，琪琪柔美的声音再加上婉转动听的语调，总是让志豪不自觉地同她亲近起来。后来，想要到外面闯一闯的志豪，辞去了原本稳定的工作，只身来到北京打拼。身处异地的两个人，只能隔着电话倾诉衷肠。志豪特别喜欢听琪琪在电话那头讲述家乡的变化，而志豪也会给琪琪讲讲自己在北京的见闻。志豪回忆说，当时自己一个人在北京，每天给琪琪打电话，听听她动人的声音，就是对自己最大的安慰。现在情况好了，但是永远都不会忘记那段"以声传情"的日子。

那么，我们该如何使对方愿意听我们说话且达到让对方信任的效果呢？

1. 选择适合的音调

一般情况，不急不缓的语速、中等的声音更能给人一种亲切

自然和自信的感觉；过高的声音、过快的语速会显得说话人的性格过于急躁，心无城府，过于幼稚和偏执，容易让人产生厌恶的情绪；说话的声音过低，语速缓慢，这样的人可能是没有自信，优柔寡断，看待事情比较悲观，处理事情畏首畏尾，放不开手脚。

2. 口齿清晰，适当停顿

口齿清晰，能让对方顺利获取我们表达的信息，是言语交际中的第一要务。清晰的发音习惯会让你的声音变得更动听。为此，你必须要改正吐字不清的缺点。另外，适时地停顿，也能为言语增添节奏感，让对方更好地了解你所要表达的内容。

3. 声情并茂的表达

声音、语调、词汇等元素都是为感情服务的。如果声音失去了感情的依托，就会变得空洞僵持，犹如失去了水源的枯木，毫无生气可言，因此在说话的时候，要注意用感情去感染和打动听众，只有充满感情的文章才是好文章，同样充满感情的谈话才是成功的谈话。

4. 不要无休止的唠叨

唠叨本就是不自信的表现。人们因为感到孤独、不满、不被人关爱不被人赞赏，所以才会唠唠叨叨个不停，以给自己安慰或引起他人的注意。而自信的人是永远不会与唠叨结缘的。

5. 附带你的微笑

如果你一直保持一张严肃的面容，那么即便是你的声音很美，也很难让人感到亲近。所以，在展示声音魅力的过程中附加上你的微笑吧，身体语言中最能打动人的莫过于微笑。如果你性格内向，不妨经常锻炼一下自己的面部肌肉，经常对着镜子笑一笑，逐渐养成面部表情丰富的习惯。

对以声音为主要物质手段的语音的要求很高，既要能准确地表达出丰富多彩的思想感情，又要让对方产生信任感。为此，在说话过程中，应根据话的内容，把握你讲话的力度，做到沉稳有力，以使人感到声音错落有致。

说话干脆利落的沟通

最不招人待见的就是说话犹犹豫豫、婆婆妈妈、扭扭捏捏的人。与优秀的人交往你会发现，他们说话做事有一个共同的特点就是干练果断、不拖泥带水。这不仅给人爽快的感觉，也是自信的体现。所以，想要成为一名沟通达人，想要有所成就，先从说话做起吧，做一个说话利索、干练果断的人！

亮亮是一名销售人员，在广东的一家电器城工作，主要负责电冰箱的销售工作。一天早上他接到一位顾客陈女士的电话，咨询是否有某一型号的电冰箱，待亮亮确认有货并报了价格之后，顾客约定当天下午两点半前来看货，如果一切正常，就将冰箱买走，并留了亮亮的手机号码。亮亮最近一段时间的销售工作进展得很不顺利，前来卖场的很多顾客都是只看不买，打电话预定的顾客更是不断地放鸽子，他不知道这次能不能成功，心里忐忑不安。

下午两点，亮亮的手机响了，竟然就是上午打电话要前来看电冰箱的那位陈女士！原来陈女士已经到了电器城的楼下，只是亮亮的店面不是很好找，这才打电话过来。这让亮亮异常欢喜，

心想这位陈女士应该是位比较和善而且很守信用的顾客。

不出所料，陈女士对亮亮非常热情，并且主动和他聊天。亮亮在与陈女士沟通的过程中，仔细观察陈女士的言行举止，并作出判断：陈女士是一个不拘小节、性格外向的人，应该很容易交流。于是亮亮也不再拘谨，而是顺着对方的话题侃侃而谈，并巧妙地把话题引到冰箱上。

中间亮亮还穿插了几个自己做销售过程中比较有趣的故事，使陈女士把注意力完全转移到自己及自己的产品身上。对于陈女士关于各类冰箱的一些提问，亮亮总是很清晰、准确、简洁地给以答复，说话不拖泥带水，给陈女士留下了业务专业、行事干练、自信诚恳、精神饱满的好印象，因而更加拉近了彼此之间的距离。

陈女士将自己对于电冰箱的想法向亮亮说明，亮亮很快就针对她的想法推荐了另一款冰箱，让陈女士很是满意。最后，陈女士很痛快地购买了那台冰箱，临走时还告诉亮亮会给他介绍自己的朋友来看看。

看到亮亮的案例我们应该明白沟通在一个人的成功道路上有着多大的意义。你肯定希望自己能够给人干练、明快的印象，那么，你就必须掌握好说话的技巧。为了使你的说话不拖泥带水，你需要注意哪些方面呢？

1. 明确你的中心思想

你所说的话中，也许存在多个主题，这样的结果是什么呢？这将使你和对方的精力都被分散了。实际上，你要把一个主题讲得很透彻都十分困难，所以更不可能把每个主题都讲透。如果非得这样，那么每个主题你都只会浅尝辄止，因此跟对方讨论各种话题会影响你主要观点的表达。

2. 连贯一致

开场白非常重要，它直接影响到所讲内容的展开，不能一开口就"噌"地冒出一句让人摸不着边际的话；多层意思之间过渡要灵活自然；结尾要进行归纳，简明扼要地突出主题，加深听者的印象。

3. 说话简洁不啰唆

很多人都讨厌废话连篇、半天都说不到点子上的人。但是，我们应该注意的是，说话简洁并非"苟简"，而是以简代精的意思。简洁要从实际效果出发，简得适当，恰到好处，否则硬是掐头去尾，只会让听者更不明白，从而得不偿失。

4. 表达信息要直接

你需要尽快地直达主题，让对方更为直接地了解你所要表达的意思。这样你所要表达的信息才会听起来更加清晰明了。但是很多人却总喜欢旁敲侧击，殊不知，这种做法容易分散对方的注意力。

5. 条理要清晰

人类的心理是很微妙的，有时听众并不因为你讲的内容很有道理就完全信服你，他们还要顾及讲话人的表达方式。即使是正式场合的谈论，声音过于激昂也会让人产生"此人强词夺理，所说之言不足为信"的想法，随之，心理上会产生反感或者抵触情绪。我们要清晰有条理地表达出自己的想法，这样才能进行深入地沟通。

当我们与他人谈话时，尤其要注重思维的重点所在，想好之后，用最精辟的语言将之陈述出来，不要拖泥带水，这样才能让对方更快地明白我们的意思。

真诚沟通大家都会喜欢你

"诚于心，而形于外"，当我们能真诚的和别人沟通时，也能较容易地获得真实的回报。如果你不真诚做人，总是撒谎，那么谁还会愿意与你沟通，更不用提把你当成信得过的好朋友了。诚信乃沟通之本，是沟通心灵的桥梁。最让人喜欢的人并不一定是最能言善辩的人，但一定是真诚的人。

美国第16任总统林肯，在竞选时，他是用真诚获取了总统职位，赢得了民心。在竞选演讲时，他的竞争对手道格拉斯特地租了一辆豪华轿车，豪华轿车后紧跟着10辆装有大炮的卡车，每到一个巷口大炮就发出100次鸣响，炮响之后紧跟着是喧闹的乐队表演。道格拉斯口出狂言："要让林肯这个乡巴佬闻闻贵族的气味。"

林肯用真诚来应对道格拉斯的狂妄自大，他知道取信于民的条件就是必须要有一颗诚心："有人问我有多少财产，我有一个妻子、三个儿子，都是无价之宝。此外，还有一间办公室，室内有办公桌一张、椅子三把，墙角还有一个大书架，架上的书值得每个人一读。我实在没有什么可依靠的，唯一可以依靠的就是你们。"他用真诚赢得了热烈的掌声，拉近了与选民之间的距离，赢得了选民的情感认同和心理认同，最终竞选成功。竞选过后，道格拉斯对林肯表示祝贺，更为他的那颗诚心竖起了大拇指。

真诚，是沟通心灵的钥匙；真诚，是连接情感的纽带。朋友们，在与人沟通的过程中，最重要的是你的那颗真诚的心，有什么比一颗干净的内心更令人尊重呢？所以说，如果你想要获取一段情谊，请你一定用自己最坦诚的心去感化对方，这种沟通给你带来的意义将更为深远。

1. 和善待人，微笑示意

许多成功的人，是因为他的魅力、个性和亲和力。而个性中最吸引人的就是那亲和的笑容。行动比语言更具说服力，一个亲切的微笑告诉别人："我喜欢你，你使我愉快，我真高兴见到你。"

2. 讲究诚信，博取信任

我国古代的大教育家、哲学家、思想家孔子曾经以言警世："人而无信，不知其可也。"明代学者也有这样的表述："身不正，不足以服；言不诚，不足以动。"就是说，行为不正的人，不被人信服；言语不诚实的人，不必与他共事。如果你不讲诚信，那么你就失去了他人的信任，没人愿意跟一个没信誉的人打交道，更不用提与他深入沟通了。

3. 换个角度，为他人着想

换位思考，客观上就要求我们将自己的内心感受，如情感体验、思维方式等与对方联系起来，站在对方的立场上体验和思考问题，从而与对方在情感上得到沟通，为增进理解奠定基础，架起一座便于沟通的桥梁。

4. 乐于助人，及时伸手

如果每个人都像雷锋那样乐于助人，就如一根金线将每一颗爱心都连起来，便是世上最美、最珍贵的一条项链了。让每个人都不要吝啬上帝赐给我们的爱心，因为它是用之不竭的，它会让别人认识到你的好。所以，伸出你的援助之手吧，这样你会得到

更多人的喜欢。

5. 用心倾听他人的话语

沟通中的倾听不是简单地听就可以了，需要把对方沟通的内容、意思把握全面，这才能使自己在回馈给对方的内容上，与对方的真实想法一致。所以说，在倾听的过程中我们要等对方把话说完，不要急于表达自己的想法，这样才能更好地沟通下去，让对方知道你是真正在乎他的。

6. 讲究方法，不要刻意追求方法

掌握基本的沟通技巧，最常用的技巧就是拣对方喜欢接受的方式去沟通，这样通常会获得正向的沟通效果。但是我们不要刻意用一种作假的"外交"，"客气"的沟通方式会给对方一种伪装感或者应付差事的误解。

卡耐基说，与人交往，付出的十分真诚如果得到了八九分的回馈。那就是情有所值、利大于弊了。尽管有时候你没有收获同样的真诚，但你用自己的真诚形成的气场，将会吸引更多真诚的人来到你身边。

调整好你自己的说话语气

如果对方与你说话时总是一副颐指气使的样子，你会愿意与他沟通吗？相信很多人都不愿意。所以，我们在与人沟通的过程中要学会调整好自己的说话语气和态度，这是深入沟通的前提。在和别人谈话中语气有着重要的作用，有的人说话对方容易接受、

愿意接受，有的人说话对方就不容易接受、不愿接受或者很难接受。这其中的原因，大多是由于语气的不同造成的。一句同样的话，如果用不同的语气来说，就会起到不同的，甚至是相反的效果。

功夫不负有心人，经过多年的努力，陈刚终于在某城市混出了自己的一片天地，开了一家规模相当的公司。虽然也算混出了点成就，但是陈刚内心的烦恼也在与日俱增。这到底是什么原因呢？原来是因为招进来的员工总是干不了几天就离开公司，甚至包括一些管理人员。可是陈刚公司的待遇在同行业中是相当有竞争力的，为什么留不住人呢？陈刚心里感到非常纳闷。难道是公司的企业文化不行吗？

问题总不能这样一直耽搁着，陈刚决定请人帮忙。这一天，陈刚请来了他的好朋友李宁，李宁是一名资深的咨询师，主要负责企业文化这一块。一大早，李宁和陈刚一起来到了公司，准备上楼到陈刚的办公室去搞座谈，他们刚走进电梯，就听见陈刚开始冲着开电梯的大姐骂了起来："你怎么这么笨呢？按电梯要先按关门再按楼层。"电梯大姐一脸委屈地低下了头。

在楼道里，陈刚又冲着一位打扫卫生的员工发脾气："你怎么拖地的，拖地要从左到右拖三遍，从上到下拖三遍。"打扫卫生的员工看了一眼老板，毫无表情地低下头继续拖地。

到了办公室，陈刚看到了桌子上秘书新放的整齐的文件和日程安排表，他看了一眼后马上把秘书叫了进来，冲着秘书大声叫道："我不是和你说过了吗？今天我有其他安排，你的日程是怎么安排的？"秘书眼里噙着泪水退了出去。

李宁看到了这几幕情形后，非常肯定地对陈刚说："不用做

什么企业文化咨询了，因为依我多年的经验看来，公司最大的问题就是你。"

陈刚听后感到很惊讶，因为在陈刚看来，对自己的下属发号施令是很正常的，怎么会是一个"问题"呢？

李宁很耐心地向他解释："对待自己的员工、下属要严爱结合，像你这种颐指气使的样子，是没有几个人愿意在你下面做事的。想要留住人，就要把员工当人看待，学会尊重他们，不要总是用恶劣的语气指使他们。当你把自己对待员工的语气调整好了，你的问题就解决了。"

说话是人们交流信息、传情达意的一个重要手段。它所表达的意思是通过人们对其发音器官的有意识控制和使用而表现出来的。这种控制和使用的一个重要对象便是说话的声和气。恰到好处地使用声和气不仅能充分地表达说话者的意图和情感，而且还能使话语生机勃勃，充满艺术的感染力。

那么，怎样才能让自己的说话语气适合彼此的沟通交流呢？

1. 与人交流要和声细语

没有人愿意被他人训斥，即便是自己真的犯错了，所以，想要与对方好好地把话说下去，我们就要记得语气一定要温和。

2. 催问注意用语的分寸

催问时也要注意用语的分寸，应多用恳请语气。千万不可用"你怎么还没办完这件事？""是谁说的今天就完成？这样耗着有意思吗？""这个月底前必须处理！"等责问句或命令句，这会使对方有一种被"权势"压制的感觉，自身的价值得不到体现，帮了忙也是白帮忙。

3. 和谐处事，遇事尽量保持冷静

一个人无论如何努力去维系自己建立的人际关系，仍旧无法避免与别人发生冲突。因为人与人之间的交往，或多或少都会产生一定的矛盾，这是无法完全避免的，这就需要人们培养自己和谐处世的习惯，遇事尽量保持冷静，说话语气保持温和。

如果你不能做到充满感情的、语气平和的对待他人，那么你就很难达到理想的沟通效果。正所谓"精诚所至，金石为开"，真诚是讲话成功的关键。曾经打败过拿破仑的库图佐夫，在给卡捷琳娜公主的信中说："您问我靠什么魅力凝聚着社交界如云的朋友？我的回答是：真实、真情和真诚。"

不要总是用命令的口气

美国著名的人际关系大师戴尔·卡耐基描述了自己的一段经历：

我常常在家附近的一座公园里散步，以此作为闲暇时候的消遣。因此，我渐渐对公园里的花草树木起了爱护之心，每当有树林着火的消息传来时，我都会感到十分难过。

树林起火的原因大多是孩子在林间生火做饭造成的。有时火烧得相当大，非得借助消防队才可将其扑灭。虽然这座公园内立着一块警告牌——纵火者将受到处罚，但是因地处偏僻，警察又疏于管理，以至于公园内仍然火灾频繁。

记得有一次，我匆匆跑去告诉警察，公园内有火星在扩散，

请他立即通知消防队去扑火。可是他表现出一副漠不关心的样子，说那不是他负责的区域，不关他的事，这让我很吃惊。

自从那次后，我便常常骑着马，自己来担任维护公共财产的职务。最初，我一看到孩子在树下生火野餐时，就会立即跑过去，用严厉的口吻恐吓他们：在树下生火将会被拘捕，并命令他们马上将火熄灭。其实，我不该这样做的，因为我这样做只是宣泄了内心的情感，而丝毫没有考虑孩子的感受：他们虽然照着我的话做了，心里一定很不是滋味，所以我一离开，他们又把火点了起来。

几年后，我开始感到该向别人多学学怎样以他人的观点去看待一件事物，于是我不再命令别人。我在公园里再遇到玩火的孩子，就对他们说："嗨！小伙子们，你们玩得还高兴吗？你们要拿什么做野餐呢？我小的时候，也和你们一样，喜欢在野外生火做饭，现在回想起来还是挺有意思的。但是你们可别忘了，在公园内生火是很危险的。我知道你们不会惹麻烦，因为你们都是好孩子，而其他的孩子看到你们在生火，必然也会跟着玩起火来，回家的时候未把火熄灭，将会导致树叶、树木被火星引燃而发生火灾。要知道，若我们不好好爱护花草树木，这公园内就会没有树木了。你们大概不知道，在公园内玩火是会坐牢的。我不打算干涉你们，只希望你们别把火靠近干树叶，并且在回家时别忘了将火熄灭。假如你们下回还想玩，我建议你们去那边沙滩上玩，在那里就不会有什么危险。谢谢你们的合作，祝你们玩得愉快。"

这样一说，效果真的很惊人，孩子们都很乐意跟我合作。他们没有埋怨及反感，也没有感到自己被人强迫去服从命令，而是认为他们保全了面子与自尊。最后，不光我觉得满意，他们也觉得高兴，那是因为我考虑了他们的立场。

与人交往，多一点建议，少一点命令，这样彼此间的沟通效果才会越来越好。

1. 不要伤害他人的自尊心

每个人都有自尊心和自己的行为准则，他们不希望别人用命令的口气来指责自己的行为，在家人之间是这样，在同事之间也是如此。即便你是对方的长辈、领导，但是这都不代表着你可以随心所欲地呵斥对方，懂得尊重他人是一个人起码的道德标准。

2. 学会与他人商量着做事

有些家长在教育孩子问题上总是采用强制、独断的方法，其实这对孩子的教育是不利的。比如，提醒孩子做作业时，你可以说："今天的作业比较多。你是不是现在就该去认真做作业了呢？早点做完你就可以好好休息休息了。"而不要说："整天就知道玩！抓紧时间去做作业！"这样，孩子会觉得你尊重他，关心他的感受，就会改变对你的抵触情绪，消除或减轻隔阂，对你产生好感和信任，增进亲子沟通。

3. 谨言慎行，想好再说

做事宜小心不宜大意，说话宜少不宜多。当我们把话说出口之前，最好先仔细想一想，这么说会不会得罪对方或造成困扰，还有记得别用命令的口气，不能怎么说高兴就怎么说，完全不顾对方的感受。

4. 多用一些态度和善的词语

对于领导而言，要让员工尊重，靠的不是装腔作势的命令，而是尊敬地说一声："拜托！""多谢！"值得信赖的上司会对

员工说："请你帮我复印这份文件，辛苦了。"在听者看来，这种说话语气更能让自己感到被尊重和愉快。

用命令去告诉一个人他应该做什么，他心里会很不舒服，而且他按照你的方式去行动的概率也很小。即便真的照你的话做了，心中也是诸多不满。所以，在与人沟通时，想要你的心愿能够达成，那就不要采取上级对待下级的命令口吻，而是应该采取温柔的姿态、建议的口吻，这种方式更能让对方愉悦接受。

巧妙解尴尬，给人台阶下

金无足赤，人无完人。在生活中，谁都可能犯错误和失误，都有可能陷入尴尬的境地。因而，给人一个台阶，是为人处世应遵循的原则之一。英国诗人华兹华斯说过："正义之神，宽容是我们最完美的所作所为。"给人一个台阶，正是宽容的一种体现，如果在与人相处的过程中你能做到顾忌他人的面子，给对方一个台阶，那么你的人缘一定越来越好。

小李在一家服装店上班，前些日子一位张女士从店里买走了一件大衣，可是今天她又突然来到店里要求退回。其实，张女士已经把衣服带回家并且穿过了，只是她老公不喜欢。张女士向小李解释说："这一件大衣买回去之后就从没有穿过"，要求退换。

小李拿到大衣检查了一下，发现有明显干洗过的痕迹。此时，小李想反驳，但是她想了想还是忍住了。既然张女士打着没穿过的幌子来退货，那么就算是自己跟她吵起来她也不会承认的，而且她已经精心伪装过了穿过的痕迹。这样，双方可能会发生争执。于是，机敏的小李说："张女士，我想确定一下是否你的家人无意间把这件大衣送到干洗店洗过了。其实，我也遇到过这样的情况，我曾经把新买的一件连衣裙和其他的衣服都放在了床边，结果我妈妈没注意，把这件新衣服和一大堆脏衣服一股脑儿塞进了洗衣机。不信您可以仔细看看，这件大衣的确看得出已经被洗过的明显痕迹。您可以再看看这一件新的大衣，跟您手上的确实是不一样的。"

张女士看了看证据知道无可辩驳，而小李又为她的错误准备好了借口，给她一个台阶——于是顺水推舟，张女士乖乖地收起衣服走了。

小李的话说到张女士心里去了，使她不好意思再坚持。一场可能发生的争吵就这样避免了。

与人沟通就要懂得给他人留面子，即便对方真的犯错了，我们也应该首先给他们一个改过的机会，这样我们就会避免很多的冲突。那么，如果与他人出现冲突，我们该如何给对方一个台阶呢？

1. 可能伤害别人面子的事情不要做

当面羞辱人，进行人身攻击，大庭广众之下揭露别人的短处，公开强硬地给对方提建议，不看场合，赢别人太多，抢别人的风头、功劳和机会等，这些事情都可能伤害别人的面子，我们最好避开雷区，给他人留点儿余地。

2. 换位思考，为对方着想

很多事情，你不是当事人，当然没有办法理解对方的感受，当对方陷入窘境后，一定要理解对方的那份难堪和尴尬，当你明

第九章 让人喜欢与你的魅力沟通

219

白和理解了对方的感受后，就会有想要帮助别人的念头。

3. 得饶人处且饶人

不要抓住对方的缺点和错处不放手，否则当你遇到问题的时候你也会有着吃不尽的苦头。不管对方是无意的还是有意的，既然错误已经发生了，再说那么多的话也于事无补，所谓"得饶人处且饶人"，批评的话见好就收吧，别不留情面，他日对方若有了出头之日，定会向你讨这旧耻雪恨。

4. 批评要讲究分寸

"好面子"是人的天性，因此，批评时为了不伤及他人的面子，可以先创造一种双方都能接受的氛围，如可以先对其进行表扬，等彼此距离拉近后，再进行适当的批评。但我们在批评对方的时候要注意态度问题，要懂得尊重对方，不要当着众人批评，此外可以采取委婉暗示的方法进行批评。

生活中，人人都有下不来台的时候，学会给人台阶下，既可以缓解紧张难堪的气氛，使事情得以正常进行，又能够帮助尴尬者挽回面子，增进彼此的关系。要达到这样的目的，我们应学会使用以上技巧。

做一个对方眼中靠得住的人

刘伟是一个器材销售公司的销售人员，他来到该公司半年了，虽然时间不长，但是刘伟已经成为了销售主管。是刘伟的业绩太好才迅速当上领导的吗？其实，不全是这个原因。比起业绩来，

刘伟做得并不好，而且相对于别的销售员来说，有点差，但是他却很懂事。或许这就是他得到提升的原因吧。

周一早上，公司按照惯例要给销售员开晨会。会上王总要对前一周销售员的业务状况作分析和讲评。当王总对刘伟的情况作分析的时候，却将刘伟两个客户遇到的不同情况混淆了，事实上，刘伟前天晚上提交的业务总结单上已经写得非常清楚了，王总不知是真的迷糊了，还是一时口误给说错了。

王总也意识到了自己的失误，停顿了下来不知道该如何是好，继续说下去吧，无异于掩耳盗铃，让下属笑话，不说吧又没法合理结束，因而站在那里不知如何是好。这时候刘伟迅速站起来，说："对不起，王总，我昨天写业务总结单的时候，将两个客户的情况写颠倒了。"

王总顺势说："这样的错误怎么还犯呢？以前强调过好多次了，你现在立即给我重新填一份表，并写一份深刻的检讨，杜绝此类事情再次发生。"说完这话，王总望了刘伟一眼，眼里充满了感激。

临近下班的时候，王总将刘伟叫进了办公室，对他说："刘伟啊，你很机灵，也很会办事情，业务也做得不错，好好表现，我打算提你做业务主管，之前的业务主管表现不佳，我打算撤掉他。"

刘伟明白王总话的意思，高兴地点了点头说："谢谢王总的栽培，我一定好好表现，不辜负王总的厚望。"

没过多久，刘伟真的被提升当了业务主管，所有的销售员都归他管理，一下子当上了领导，这让刘伟还真有点不习惯。当别

的同事向刘伟询问如何当上这个业务主管的时候，刘伟露出了诡秘的微笑。

刘伟用自己的聪明才智巧妙地化解了王总的尴尬，维护了领导的颜面，这样一来，刘伟迅速赢得了王总的信任和感激，成为了王总心里靠得住的人，也为自己的前途打好了基础。朋友们，想要别人赞同你，你就要学会做一个对方眼中靠得住的人，赢取对方的信任。以下几点将会给你一定的启发。

1. 顺应形势，化解对方尴尬

如果在一场交流中对方因为某种原因出现尴尬的局面，我们不要不管不顾，甚至看人笑话，而是要懂得结合当时的形势给对方一个台阶，为他们化解当时的尴尬。当你帮助他人走出困境时，对方一定会对你表示感激，你在对方的心里也会成为一个值得信任的人。

2. 积极站出来承担责任

当自己的领导犯了错误之后，作为下属的你要及时站出来承认错误，承担责任。就如同故事中的刘伟一样，将领导的错误归咎在自己的身上，成功地为领导化解了尴尬，领导自然会信任他、重用他。

3. 待人坦诚，赢取信任

人际交往中，坦诚的语言往往会带来意想不到的效果，毕竟纸是包不住火的，刻意的隐瞒是行不通的。生意人更应该如此，想要财源不断，那么就要坦承自己商品的优缺点，这样才能顾客盈门。

4. 学会保护他人的隐私

揭发朋友的隐私是种没有修养的行为。人都有自己不愿为人所知的东西。总爱探求别人的隐私，关心别人的秘密，不仅庸俗，而且让人讨厌，这种行为本身就是对朋友人格的不尊重，也可能给别人惹来意外的灾祸。

我们无法想象一个对我们心怀戒备的人会听从我们的建议，有时候，这让我们很困惑，究竟怎样做才能取得别人的信任，从而让他们听从我们的劝说呢？相信大家已经从上文中找到了很好的答案。总的来说，想要在对方心里占据一定的地位，就要懂得沟通，让自己成为对方眼里靠得住的人。

批评人也可以不得罪人

办公室里，莉莉和同事小语正在认真地讨论着工作上的问题，这时莉莉接到经理的电话。"莉莉，你抓紧给我过来一趟！"还没来得及回答，对方就"啪"的一声挂了电话，此时莉莉内心可以说是忐忑不安，硬着头皮走进了经理办公室。

"你这个月干什么去了？有没有带着大脑上班？这么差劲的销售业绩你怎么就不羞愧呢？你看看人家陈晨，刚来两个月的工夫，业绩就飙到本月第一名。你以为我能让你拿这么高的薪水，我就不能让别人拿的比你更高？再这样下去，你这个销售冠军还能坐多久？"还没等莉莉开口，坐在老板椅上的经理就一顿连环珠炮般地轰炸，顺便把一叠厚厚的报表扔在莉莉面前。

"不是这样的，您听我说，其实……"莉莉本想趁这个机会就此事与经理正面沟通。

"还有什么好解释的，做的不行就是不行，你回去好好想想吧！我再给你一个月的机会，要是下个月你的业绩还不能提升，那我就要扣你年终奖金了。我还有事要忙，你回去吧。"经理不耐烦地摆手示意莉莉出去。

莉莉非常生气也非常难过，她不明白经理为什么不听取自己的想法，就这样劈头盖脸地把自己骂了一顿。一直以来，自己在公司可以说是尽职尽责，在拓展公司业务，开发客户的事务上一直做得非常好，这些年来她拓展了公司近30%的现有市场。客户的投诉率一直保持在全公司最低，年年被评为优秀员工。这个月莉莉被经理分派到刚开发的新市场，客户数量不多，但与前期相比正以10%的速度扩充。再加上本月由于公司总部发货不及时，有很多客户临时取消订货单，销售额与成熟市场当然不能媲美。

陈晨是公司的新人，工作能力不可否认，由于经验不足，公司一开始就把陈晨安排到老市场。老市场客户源稳定充分，客户关系网坚固牢靠，形势大好，自然丰收在即。莉莉心里觉得经理这样劈头盖脸的骂自己非常不对，内心感到很委屈。

批评是否成功，很大程度上取决于你采用的批评方式。没有人喜欢被批评，不要相信"闻过则喜"。一味地指责别人或者简单地说明你的看法，那么除了令别人厌恶和不满外，你将一无所获。那么，怎样批评对方才能取得良好的效果呢？

1. 先肯定，后批评

你可以这样说："我觉得你这个人平常做事挺认真的，这次怎么能这么疏忽大意呢！"如果能将肯定属下、赞美员工的表达方法运用得很巧妙，你将会成为深受下属爱戴、尊重的上司或领导！

2. 不要很快进入正题

做错事的一方，一般都会本能地有种害怕被批评的情绪，如果很快地进入正题，被批评者很可能会产生不自主的抵触情绪。即使他表面上接受，却未必表明你已经达到了目的。所以，先让他放松下来，然后再开始你的"慷慨陈词"，这样才能达到比较好的效果。

3. 幽默地批评他

幽默的语言是以轻松的方式启发和教育人。采用幽默批评法，可以用意味深长的语言、表情和动作指出员工的缺点和错误，使其在笑声中思考和改正自己的错误，达到批评的效果。

4. 就事论事，不牵扯其他

在进行批评教育的时候，要懂得就事论事，对事不对人，切忌把问题扩大到对方的人品、态度、修养等方面，类似于"你简直是愚蠢至极、没见过像你这样笨的人、你的人品真的是有问题、不要这么没素质、你也够窝囊了、你怎么一件事也做不好……"等定论似的评价，往往会招致不良后果。

批评而不得罪人，这是一种智慧，也是一种能力，职场之中，批评与培养情感看似相互矛盾，实则它们却是相互统一的。当然，只有把握对事不对人的原则，两者才会协调统一起来，从而达到既不伤害感情，又能解决问题的目的。

掌握沟通的主动权

沟通是一个多方交流的过程，如果想把话题引向自己的方向，你就要懂得如何掌握沟通的主动权，这样才能把对方成功说服，让对方赞同你的说法。谁能掌握主动权，谁就能引导话题朝着有利于自己的方向前进，最终成功说服对方；谁失去了主动权，谁就有可能陷入被动，被人牵着鼻子走，最后对方即使勉强同意了你的观点，也是不甘心的。

小曦是一位房地产销售人员，一天，客户陈先生要求实地查看房子。在看房的过程中，她发现陈先生对这套房子总体还是比较满意的，但有一些异议。

陈先生："我觉得价格有点超出我的承受能力。"

小曦："陈先生，其实这套房子的价格是非常划算的，您可以参考一下周围的房价。"

陈先生："可是您也知道，这个地段离着市里很远，我不明白为何房价还这么贵？"

小曦："您说得对，但是这个地方是政府未来规划的重点区，发展潜力很大。我想问一下您计划全款购买呢？还是首付加贷款？"

陈先生："对于我当前的经济承受能力来说，全款是不太可能了，我只能选择贷款，而且年限也比较长的。"

小曦："按您说的情况来推算的话，其实您的经济压力已然没有您想象的那么大了。"

陈先生："贷款买房是一种负担，您为什么说不会有压力呢？

我现在最担心的就是这点。"

小曦："那么请再容我问您一个问题，您现在每年租房的租金大概是多少？"

陈先生："差不多五万。"

小曦："那您觉得这栋房子未来能以每年5％的速度增值吗？"

陈先生："希望还是很大的，因为这个地方的交通十分便捷，我还听我的朋友说近两年这里将启动一个十分庞大的市建工程。"

小曦："您说得没错，这一切很有可能使它的价值在短期内上涨。"

小曦："现在我为您制定一个长远打算如何？"

"怎么打算？"陈先生似乎非常感兴趣。

"您以每年6万元的价格将这栋房子买下来，贷20年款，20年后这套房子就完全属于您了。而且您还可以享受它为您带来的年均5％的增长，足以缓解您的贷款压力。"

经过小曦的一步步引导，陈先生已经慢慢地融入到这段谈话里，刚开始陈先生考虑的是当前房价过高的问题，现在他更关心的是长远利益。终于，小曦在这一番谈话中占据了主动权，陈先生甘心被说服，并且决定购买这栋房子。

掌握说话的主动权才能最终达到说服对方的目的，如果推销员在向客户推销自己的商品时，不能掌握说话的主动权，最终也一定不能够完成自己的任务。那么，在与对方沟通的过程中，我们如何才能更好地占据话语的主动权呢？

1. 注意观察他人

说话一定要看对象，要根据说话对象的不同情况来确定自己

说话的方向。如果是一个豪爽的人，那你说话就应该豪爽一点；如果是一个内秀的人，说话就应该文明一点，这样大家才会喜欢你。所以，在张口说话前一定要注意观察对方。

2. 用心倾听对方的言论

如果你想成为一个善于谈话的人，那么首先你要成为一个善于倾听的人。一个懂得倾听的人比总是滔滔不绝的人更让人喜欢。听人谈话时，可以通过赞同地微笑、肯定地点头，或者手势、体态等做出积极的反应，表现出对谈话内容的兴趣和对谈话对象的接纳与尊重。

3. 用发问的方式引导对方

对方说话时，原则上不要去打断，可以适时地发问，比一味地点头称是更为有效。一个好的听者既不怕承认自己的无知，也不怕向说者发问，这样不但会帮说者厘出头绪，而且会使谈话更具体生动。

4. 学会理让三分

在特定场合，特别是当你的观点处于不利的境地时，为了达到说服对方的目的，你不妨先有意识地退一步。肯定对方的观点有其合理性，然后在获得对方信任的基础上再寻找机会，通过摆事实、讲道理等方法巧妙地提出你的观点，赢得主动，从而最终有力地说服对方。

通过曲折迂回的方式，使对方顺着你的思路进行思考，往往会收到事半功倍的效果。控制说话的主动权，不能让谈话失去方向，这样才能达到自己想要的效果。说服他人，而不被他人说服，最重要的就是掌握谈话的主动权。

沟通要避开的误区与禁忌

沟通技巧是一种能力，也是一种做人做事的本事。想要拥有这样的能力与本事，就必须要知道在哪些事情上需要少说，在哪些问题上需要多说；需要知道哪些问题避开不提，哪些问题需要着重提起。只有避开沟通中的误区与禁忌，才能使沟通顺畅地进行下去。

不要轻易得罪人

在生活和工作中，不要轻易得罪别人，因为得罪别人是件很危险的事情——得罪人是在给自己树敌。要知道，对立面太多无异于自毁前程，更要知道，特别是不能得罪小人。

在日常生活中，谁都不愿意和小人打交道，可是不管你愿意或不愿意，又总不可避免地要与小人打交道。我们周围的小人始终眼睛牢牢地盯着我们所有大大小小的利益，随时准备多捞一份，并会不惜一切代价准备用各种手段来算计别人，令人防不胜防。与这样的人打交道时，务必多留几个心眼。但即使你比他强大，最好也不要与其发生正面冲突。

如果一不小心得罪了那些小人，他们可能会处心积虑地对付你，破坏你的正事，分散你的精力，用各种手段要把你打倒，你的理想、事业和一切努力可能因此付诸东流。所以，不要轻易得罪那些人。说不定有一天，你心目中的"小人"会在你的关键时刻成为影响你的前程和命运的"大人"。在与人交往的过程中总得面对小人的"张牙舞爪"，面对小人的阿谀奉承，这时，最好的办法是满脸笑容，尊重他，不必过分计较。

那么，在与人相处中，怎样才能不得罪人呢？以下建议可供参考：

1. 不要直接纠正别人的错误

对于他人明显的谬误，你最好不要直接纠正，否则会好像故意要显得你高明，因而又伤了别人的自尊心。在生活中一定要记住，凡是非原则之争，要多给对方以取胜的机会，这样不仅可以避免树敌，而且也许可使对方的某种"报复"得到满足，可以"以爱消恨"。对于原则性的错误，你也得尽量含蓄地进行示意。

2. 忍让为先

对暂时斗不过的小人要忍耐。与其和狗争道被咬伤，还不如让狗先走。因为即使你将狗杀死，也不能治好被咬的伤。所以，如果与你打交道的是小人，就应当忍让为上，千万不要冲动。

3. 不要去指责别人

指责是对人自尊心的一种伤害，它只能促使对方为维护自己的荣誉，为自己辩解，即使当时不能，他也会记下这一箭之仇，日后寻机报复。

4. 及时道歉

因为自己的失误给别人带来损失时，一定要及时道歉。这样的举动可以化敌为友，彻底消除对方的敌意，你们会因此相处得更好。

5. 不要欠小人的人情

小人是最斤斤计较的，谁也没他们的算盘打得精。如果在你忙得不可开交的时候，小人主动提出要帮你接洽一个客户，你可不要随便接受这双"援助"之手。要知道，一旦生意谈成了，小人就会以你的救兵和恩人自居，以后他碰到什么棘手的事找你当替罪羊，你若不答应，那就会被他说成是忘恩负义。

6. 与人争吵时不要非占上风不可

实际上，争吵中没有胜利者。即使口头胜利，但与此同时你又树立了一个对你心怀怨恨的敌人。争吵总有一定原因，总有一定的目的。如果你想使问题得到解决，就决不要采用争吵的方式。适当地做出让步才是明智之举。

不要把沟通看成是一种竞赛

当沟通变成和别人竞赛，变成辩论时，沟通已经算是失败了。

沟通就是要寻求统一。沟通者不能容忍另类思维，沟通的目的不是要证明谁是谁非，也不是一场你输我赢的游戏，你的目标是要沟通，而不要抬杠。有效的沟通不是斗智斗勇，也不是辩论比赛。

与人交谈时，有的人会把彼此的沟通看成是一种竞赛。如果观点不一样，在他看来，就是在挑战他，一定要分出个高下。如果一个人常在他人的话里寻找漏洞，常为某些细节争论不休，或常纠正他人的错误，借此向人炫耀自己的知识渊博、伶牙俐齿，这样他一定会给人留下深刻的印象，不过那是不好的印象。这样的人往往忽略了沟通的技巧，因为他们把交谈当成了辩论，而不是信息、想法与感觉彼此交换的过程，这样的语言表达，不但于事无补，反而可能会"火上浇油"，令沟通无法有效地展开。

为了与他人有更好的沟通，这种竞赛式的谈话方式必须被舍弃，而应采用一种随性、不具侵略性的谈话方式。这样当你在表达意见时，别人就比较容易听进去，而不会产生排斥感。

多交流、求团结，才能促进和谐。只有通过沟通，双方或多方才能知情，才能信息对称，进而达到认识一致、目标同一、同心同德。在沟通中取得理解，在理解中形成共识，在共识的基础上实现统一，沟通才能收到事半功倍的效果。

当和别人的立意或观点有冲突时，若是立刻反问，就等于完全不接纳对方；若与对方进一步讨论，其实还是在挑战对方的建

议，但对方的感受却会好很多。

如果沟通时不得不对对方的立场提出质疑时，在提出问题之前一定要至少稍微解释一下，你为什么提出这样的问题。如此可使你的问题的尖锐性（对立性）降到最低。有时如果对方先提出尖锐对立的问题，那么你就要加以理解并化解。

站在对方的角度想问题。每个人的生活习惯有所不同，因为我们的家庭环境以及成长过程都不相同。因此，不要勉强别人来认同自己的习惯，同时，也要有体谅和宽容别人的习惯。

有一对小夫妻经常为吃苹果发生口角——因为常吃苹果，所以经常吵架。后来有一次，竟吵到邻居的大爷家去断是非。

事情的起因是这样的：女的怕苹果皮上沾了农药有毒，一定要把果皮削掉；而男的则认为果皮有营养，把皮削掉太可惜。

大爷对女孩说："你先生这么多年都吃没削皮的苹果，还好好的，并没死，你担心什么？"接着大爷又对男孩说："你太太不吃苹果皮，你嫌她浪费，那你就把她削的苹果皮拿去吃掉，不就没事了！"小两口茅塞顿开。

很多时候，只要站在对方的角度想问题，推己及人，矛盾就会减少，生活也就会更加美满幸福。

不要轻易打断他人说话

不要随意打断对方谈话，如要插话，应客气地提出并表示歉意。

在交谈中，有的人总是时不时地打断别人的谈话，经常插话，他们甚至认为这种插话是一种聪明的表现。其实，这样的观点是

错误的。

在沟通中，只有让对方把话说完，才能了解对方的真正意图，获得更多的信息。随便插话，就不能专心领会别人说话的意思，还会使对方感到不受尊重。

例如，在谈话中，老师往往难以忍受交谈过程中的片刻静默，一旦学生的表述出现停顿时，老师可能会马上加以催促："你说，快说啊！"这就会使学生感到自己在被审问，并且产生抵触情绪。但是事实上，老师并没有意识到，学生的沉默可能正是在寻找适当的措辞来描述自己的感受，表达自己的想法。这时候，老师的催促或者插话都会使学生产生"老师并不重视我的感受，也不重视我本人"的想法，从而失去了解学生的良机。

在别人说话的时候随便打断，也是没有礼貌的表现。在日常生活中，有的人热衷于交谈，当别人阐述自己观点时，他们总喜欢打断别人，谈论自己的看法。这样的人往往会让人厌烦，也常常在不经意之间就破坏了自己的人际关系。

例如，有一个老板正与几个客户谈生意，谈得差不多的时候，老板的一位朋友来了。这位朋友插话说："哇，我刚才在大街上看了一个大热闹……"接着就说开了。老板示意他不要说了，而他却说得津津有味。客户见谈生意的话题被打乱了，就对老板说："你先跟你的朋友谈吧，我们改天再来吧。"客户说完就走了。

老板的这位朋友随便打断别人的谈话，搅了老板的一笔生意，让老板很是恼火。

培根曾说："打断别人、乱插话的人，甚至比发言冗长者更令人生厌。"打断别人说话是一种最无礼的行为。每个人都会有情不自禁地想表达自己的愿望，但如果不去了解别人的感受，不分场合与时机，就去打断别人说话或抢接别人的话头，这样会扰乱他们的思路，不能完整流畅地表达自己的想法或感情，因而只会引起他人的反感，有时甚至会产生不必要的误会。

在交谈中，不应当随便打断别人的谈话，要尽量让对方把话说完再发表自己的看法。如有急事要打断说话，也要把握机会，也应征得对方同意，用商量的口气说："对不起，我提个问题可以吗？"或"我插句话好吗？"这样可避免对方产生误解。所插之言也不可冗长，一两句点到即可。假如已经打断，应确保原先的谈话不被忽略。

发生分歧时，要懂得求同存异

善于求同存异，就是对一时难以解决的问题可以从长计议；对双方都认同、都有利的事情，就要抓住机遇，加紧推进问题的解决。

成语"求同存异"中的"求"字是寻求的意思，"存"字是保存、保留的意思。该成语的意思是寻求共同之处，保留不同意见。讲的是不因个别分歧而影响主要方面而求得一致。有时"求同存异"也说成"求大同，存小异"。现在将"求同存异"的意思理解成这样：寻求共同之处，保存有差别的地方，不再强调大同小异。

在沟通中，双方的观点发生分歧是常常遇到的事情，任何两个人的思想都不可能完全相同，这是自然界的规律。另一个存在分歧的原因是，双方或一方没有完全理解对方的意思，也就是说沟通的效果不是很好，所以暂时接受对方的不同观点。因为对方可能是站在另一个角度和自己表达着同一个事情或同一种观点，随着沟通的顺利进行，你会发现求同的同时，相异的观点常常不

自觉地彼此融合，变成了相同的观点。

尤其是在涉外活动中，人们面对这些不同民族、不同地区、不同国家的千差万别的风俗习惯，对"中外有别"的观点不能一概予以否认。求同者，则是要求人们在涉外交往中善于回避差异，善于寻求交往双方的共同点。要保持清醒的头脑，承认个性，坚持共性。

加强沟通要立足共同的奋斗目标，坚持求同存异发展，实际上就是"同"和"异"的矛盾统一体。"同"指的是我们基于共同利益而确立的共同目标，"异"指的是各项工作之间和人与人之间在思想认识、工作方法、具体利益和要求上的差别。没有"同"，就不可能有进步，就不可能有发展；没有"异"，我们的社会就势必死气沉沉，没有活力。沟通，就是为了找出彼此之间的共同利益，只要在这一大局下，一切差异都能体谅包容，都能听得进、想得开、容得下。

忠言不要逆耳

忠言往往会很难听，其实，只要讲究技巧，忠言也可以不逆耳。

占人有"良药苦口利于病，忠言逆耳利于行"之说，可是苦口的良药毕竟让人难以咽下，往往达不到利于治病的目的。所以人们才研制出糖衣药片，胶囊药片，使"苦口"变"甜口"，让病者满意咽下，自然会达到利于病的目的。在人与人的交往中，人们更多的喜欢听赞扬与鼓励的话，而严厉的指责甚至谩骂常会起到相反的作用，对方即使明知正确但还是会抵制或是拖延接受。

法国作家拉封丹曾写过一则寓言，讲的是北风和南风比威力，看谁能把行人身上的大衣脱掉。北风首先来一个冷风凛凛、寒冷刺骨，结果行人为了抵御北风的侵袭，便把大衣裹得紧紧的。南风则徐徐吹动，轻柔温暖，顿时风和日丽，行人因之觉得春暖上身，始而解开纽扣，继而脱掉大衣，南风获得了胜利。同样是吹风，南风之所以能达到目的，就是因为他顺应了人的内在需要，使人的行为变为自觉。

同样，批评上所以常常"逆耳"，也是因为批评常常与被批评者的情绪状态相抵触。一般说来，人们是乐于接受正确批评的，所不愿接受的，往往是批评的方式方法。所以，批评者若能考虑到被批评者的情绪状态，采取对方容易接受的批评方式，使被批评者在"良好的心境"下展开认知活动，那么，批评就能收到预期效果。

一个人如果买了件新衣服，从颜色到款式都有不少缺憾，倘若实事求是直截了当地告诉他，一定弄得他心里很不愉快。换做自己大概也是如此。如果工作中也用这种方法与人交流，强迫对方接受自己的意见与看法，或者用激烈而直接的言辞批评对方，必定会引起情绪上的波动甚至口角，这样遭受对方极大反感的用语习惯得不偿失。

要想做到忠言不逆耳，需要掌握以下技巧：

1. 将批评夹杂在肯定和赞扬之中

先肯定和赞扬对方的优点和取得的成绩，待对方防卫心理松弛下来后再开始批评，最后还要友善地予以鼓励，这样的批评方式易于被人接受而不致引起反感。

2. 要远远道来，放松对方心理

坚持自己的人，往往有强烈的防卫心理，知道你要说服他时，首先他就持抵触态度，根本不愿耐心听下去。所以既要精心说你

的话，还要懂得从远处说开，对说服的对象只字不提，从对方感兴趣的内容展开话题，让对方形成放松、愉悦的心理，倾听你的话语，对方就会在不知不觉中被你的话语所感染。

3. 让对方有切身体会

有这样一个事例，说的是一个牧场主养了许多羊，他的邻居是个猎户，院子里养了一群凶猛的猎狗。这些猎狗经常跳过栅栏，袭击牧场里的小羊羔，牧场主曾多次请猎户把狗关好，但猎户却不以为然。后来牧场主想了个办法，他在自己羊群里挑选了三只可爱的小羊羔分别送给猎户的三个儿子，看到洁白温驯的小羊羔，孩子们如获至宝，每天放学后都要在院子里和小羊羔玩耍嬉戏，因为怕猎狗伤害儿子们的小羊，猎户做了个大铁笼，把猎狗锁了起来。从此，牧场主的羊群再也没有受到骚扰。

4. 轻轻地点出别人的错误，不把问题戳破

现实生活中，有的人明明知道自己错了，可当他面对别人的批评时，嘴上就是不肯接受。对于这种死要面子，自尊心过强的人，大可不必非要让批评"立竿见影"。你只要估计他自己心里已经明白或有所触动，就不妨给他一点面子，不把问题戳穿，给他一些自我反省的时间，让他有一个台阶下。

不要在别人面前炫耀自己

在交谈中，不要炫耀自己的长处、成绩，更不要或明或暗拐弯抹角地为自己吹嘘，以免使人反感。

现代社会提倡要勇于展示自己的才华，但展示毕竟不同于炫耀。

在他人面前炫耀自己，不管怎么说都是缺乏涵养的表现，更重要的是，可能会让别人产生敬而远之的想法，破坏与他人的和谐沟通。

例如，在与朋友沟通时，也许你与朋友交往甚密，无话不谈，也许你的才学、家庭、相貌、前途等令人羡慕，高出朋友一头，这些有利的条件可能会使你不分场合、无所顾忌、锋芒毕露、毫无节制地表现自己，言谈中往往会流露出一种明显的优越感，这会令人感到你是在居高临下地对人讲话，有意炫耀抬高自己，使别人的自尊心受到伤害。所以，在与朋友交往时，不要在他们面前炫耀自己，并注意时时想到对方的存在，照顾对方的心理承受力。

同样，在职场上，自己的专业技术很过硬，得到老板的赏识，但这些不能成为在同事面前炫耀的资本；又谈成了一笔业务，老板给了"红包"，你可以心花怒放，也可以喜形于色，但你"得意"不要"忘形"——你用不着在办公室里自我炫耀，自我吹嘘，众人在恭喜你的时候，说不定也在嫉恨你；再说，"山外有山，人外有人"，"强中更有强中手"，一个好的企业一定是藏龙卧虎之地，有的人深藏不露却身怀绝技，有的人其貌不扬但却身手不凡，一味盲目地炫耀，往往马上会成为别人的笑料。

别把自己太当回事，坦诚而平淡地生活，没有人把你看成是卑微、怯懦和无能的人。如果你老是把自己当做珍珠，还时不时地拿出来炫耀，生怕别人不知道，结果只能害了自己。

有一则寓言，讲两只大雁与一只青蛙结成了朋友。秋天来了，大雁要飞回南方，它们对青蛙说："要是你也能飞上天多好啊。"青蛙灵机一动，让两只大雁衔住一根树枝，然后自己用嘴衔在树枝中间，随着朋友一起飞上了天。地上的青蛙们都羡慕地拍手叫绝，问："是谁这么聪明？"那只青蛙生怕错过了表现的机会，

于是大声说："是我……"话还没说完，便从空中掉了下来。

越是把自己看得了不起，做自大的人，别人越会瞧不起他，喜欢找出他的缺点。所以，平时不要炫耀自己，要谦逊地对待别人，这样才能博得别人的支持，为你的事业奠定基础。当你以谦逊的态度来表达自己的观点或态度时，就能减少一些冲突，还容易被他人接受。即使你发现自己有错时，也很少会出现难堪的局面。尤其在对峙双方地域不同、文化背景各异的情况下，偶然一句"我不太明白""我没有理解你的意思""请再说一遍"之类谦恭的言语，会使对方觉得你富有涵养和人情味，真诚可亲，从会提高办事成功的可能性。

不要热情过度

与对方不是很熟悉的话，不要表现得太过热情，太过热情了反而可能让对方觉得有点儿假。

"热情有度"，是涉外礼仪的基本原则之一。它的含义是要人们在参与国际交往，直接同外国人打交道时，不仅待人要热情而友好，更为重要的是，要把握好待人热情友好的具体分寸，否则就会事与愿违，过犹不及。

有一则关于热情的故事。

有一天中午，王经理由于工作上的需要，陪一位外宾来到一家五星级大酒店的中餐厅，找了个比较僻静的座位坐下。刚一入座，就有一位女服务员热情地为他们服务起来。她先是替二人铺好餐巾，摆上碗碟与酒杯，给他们斟满茶水，递上热毛巾，然后站立一旁等待上菜。

当一大盆"西湖牛肉羹"端上来后，这位女服务员先为他们报了汤名，接着为他们盛汤，盛了一碗又一碗。开始的时候，这位外宾以为这是吃中餐的规矩，但当王经理告诉他用餐随客人自愿后，在女服务员要为他盛第四碗汤时，他谢绝了。

吃了一会儿，外宾放下餐具，从衣服口袋里拿出一盒香烟，抽出一支拿在手上。那位女服务员忙跑到服务台拿了个打火机，走到外宾跟前说："先生，请您抽烟。"说着，便熟练地打着火，送到外宾面前，为他点烟。然后，她又用公筷给李先生和外宾的碗里夹菜。女服务员是如此之热情，以至于让这位外宾感觉都透不过气来了。所以，这位外宾便匆匆吃了几口，就结账离开了这家酒店。

这就是热情过度的典型案例。外国人所注重的"关心有度"中的"度"，实际上就是其个人自由。一旦当对方的关心有碍其个人自由，即被视为"过度"之举。所以，尽管服务员满腔热情地为客人提供服务，但客人有时不仅不领情，反而流露出厌烦或不满的情绪。

太热情了也不好，因为凡事都应有个适度。人是有差别的，有的人喜欢跟热情的人交流，有的人却不喜欢跟太热情的人打交道，这是与人的性格有关的。

初入社交圈中的人常犯的一个错误就是"好事做到底"，以为自己全心全意为对方做事会使关系融洽、密切。然而，事实上并非如此。因为人不能一味地接受别人的付出，否则心理会感到不平衡。"滴水之恩，涌泉相报"，这也是为了使关系平衡的一种做法。如果好事一次做尽，使人感到无法回报或没有机会回报

的时候，愧疚感就会让受惠的一方选择疏远。好事不应一次做尽，这是平衡人际关系的一个重要准则。

如果你想帮助别人，而且想和别人维持长久的关系，那么不妨适当地给别人一个机会，让别人有所回报，这样才不至于因为让对方内心的压力过大而疏远了你们的关系；而"过度投资"，不给对方喘息的机会，就会让对方的心灵窒息。

开玩笑要讲究分寸

开玩笑也要有分寸，如果开过了头，就不好玩儿了。

在日常聊天中，开个得体的玩笑，可以松弛神经，联络感情，活跃气氛。不过，开玩笑也要讲究分寸，如果玩笑开得不好，不仅达不到聊天的本来目的，还可能适得其反，伤害彼此的感情。

有一年"愚人节"的前一天，上海的刘女士接到一个外地朋友的电活，说第二天要来上海，详细告诉了她是几点的航班，请她去机场接他并帮他预订酒店。见是关系很不错的朋友，刘女士尽管工作很忙，还是满口答应了。第二天，刘女士先帮这个朋友订好了酒店，又开车赶到机场去接，但苦等五个多小时也没见到那个朋友。直到那个朋友给她发来短信，说是"愚人节"开个玩笑。刘女士很生气，认为那个朋友的玩笑开得太过分了，自此，对那个朋友失去了信任，关系也就疏远了。

开玩笑本来是一种调解谈话气氛的良好方式，但如果使对方太难堪了，就并非开玩笑之道。同学考试不及格，朋友怕老婆，亲戚做生意上了当而亏了本，同伴在走路时跌了跤……这些都是需要同情的事情，若是拿来开玩笑，不仅会使对方难于下台，而且还表现出了你的冷酷。

开玩笑需要讲究分寸，也同样适用于职场当中。比如，当以前的同学或是朋友，成为自己的上司时，不要自恃过去的交情与上司开玩笑，特别是在有别人在场的情况下，更应该格外注意。上司永远是上司，最好不要期望在工作岗位上能成为朋友。另外，也不要大大咧咧总是在开玩笑。因为这样时间久了，在同事面前就显得不够庄重，得不到同事的尊重；在领导面前，会显得不够成熟，不够踏实，领导很难信任你，不能对你委以重任。

所以，开玩笑要分人、分场合。开玩笑时，要注意下列事项：

★开玩笑要看对方的性格，如果对方是个事事较真的人，最好不要开玩笑。

★开玩笑要选择适当的时机，不要在对方忙得不可开交或心情抑郁时开过分的玩笑。

★和长辈、晚辈开玩笑忌轻佻放肆，忌谈男女情事。几辈同堂时，开的玩笑要高雅、机智、幽默，忌谈男女风流韵事。当同辈人开男女间的玩笑时，最好不要掺言，只若无其事地旁听就是。

★异性之间开玩笑不可过分，尤其是不能在异性面前说黄色笑话，这会降低自己的人格，也会让异性认为你思想不健康。

★不能造成别人身体或精神上的伤害，不要把自己的一时高兴建立在别人的痛苦之上。

★不要板着面孔和对方开玩笑，以免引起不必要的误会。